VIDA DE
SÃO BENEDITO

Pe. ALOÍSIO TEIXEIRA DE SOUZA, C.Ss.R.

VIDA DE SÃO BENEDITO

EDITORA
SANTUÁRIO

DIREÇÃO EDITORIAL: Pe. Fábio Evaristo Resende Silva, C.Ss.R.	REVISÃO: Cristina Nunes
COORDENAÇÃO EDITORIAL: Ana Lúcia de Castro Leite	DIAGRAMAÇÃO E CAPA: Bruno Olivoto
COPIDESQUE: Luana Galvão	ILUSTRAÇÃO: Mara Salgado

Dados Internacionais de Catalogação na Publicação (CIP)
(Câmara Brasileira do livro, SP, Brasil)

Souza, Aloísio Teixeira de, 1931
Vida de São Benedito/ Aloísio Teixeira de Souza. – Aparecida, SP: Editora Santuário, 1992.

ISBN 85-7200-096-8

Benedito, Santo, 1526-15891. Título.

CDD-922.22

Índice para catálogo sistemático:
1. Santos: Igreja Católica: Biografia 922.22

21ª impressão

Todos os direitos reservados à **EDITORA SANTUÁRIO** – 2024

Rua Pe. Claro Monteiro, 342 – 12570-045 – Aparecida-SP
Tel.: 12 3104-2000 – Televendas: 0800 - 016 00 04
www.editorasantuario.com.br
vendas@editorasantuario.com.br

AO LEITOR

Aqui está um livrinho simples e despretensioso. Bem parecido com o Santo predileto dos mais pobres e mais humildes.

Estas páginas vão nos mostrar que São Benedito não foi nenhum orador célebre, dedicado a arrebatar as multidões com a sua eloquência ou com a beleza das suas palavras. Ele foi, sim, um grande Pregador, que a todos atraía com a sua simplicidade, pregando não a sua palavra, mas a Palavra de Deus. Isso ele fez, principalmente com o exemplo das suas virtudes. E é justamente isso o que este livrinho nos vem mostrar.

Um dia o Mestre já despertou a nossa atenção, dizendo: "Vós sois a luz do mundo" (Mt 5,14). E quando assim falou, Ele não se referiu apenas àqueles que veneramos como Santos, mas a todos e a cada um de nós, que o devemos seguir e imitar. É isso o que estas páginas nos vêm dizer, mostrando-nos as virtudes que iluminaram a vida de São Benedito.

Que este Santo dos pobres seja, sim, o nosso intercessor junto de Deus. Mas não apenas para nos alcançar favores deste mundo. Que ele seja, principalmente, para nós um modelo, à espera do nosso esforço em imitá-lo na prática do desprendimento, da humildade, do amor ao Pai e a nossos irmãos. Isso é o que ele mais deseja de nós.

Pe. Isac Lorena, C.Ss.R.

·1·
AI, MEU SÃO BENEDITO!

Desde criança São Benedito me é familiar. Criei-me à sombra de sua simpática igreja e ali me preparei para a primeira eucaristia. A essa igreja continuo ligado pelas minhas funções sacerdotais.

As primeiras congadas e moçambiques que aprendi a apreciar também estiveram ligadas a essa igreja do santo preto, na minha cidade de Aparecida. Lembro-me no meio do povo, ouvindo atento os cantos monótonos, mas alegres, das congadas: "Ai, meu São Benedito; ai, meu São Benedito!"

Hoje sou eu que repito: Ai, meu São Benedito, intercedei por nós! Intercedei por nós fazendo estancar essa onda terrível de seitas que ameaça a fé e a religiosidade pura do povo brasileiro. Tende piedade dos que não têm fé ou a têm tão pouca e fraca. Mostrai ao mundo que os valores pessoais se medem pelo que somos e não pelo que temos. Nada tivestes, mas fostes bom, puro, humilde e santo.

Intercedei por nós, ó amável São Benedito, para que nossa fé seja cada vez mais ardente. Dizei aos vossos devotos que a religião não consiste apenas em tomar parte nas nossas procissões ou na vossa cavalaria, mas na pureza de coração e na prática da caridade. Portanto, não é aquele que pula mais na vossa festa que é o maior devoto, mas aquele que mais de perto procura imitar as vossas virtudes, especialmente vossa humildade e caridade.

Ai, meu São Benedito! É por isso que mais um livro é editado em vossa honra. É preciso que vossos devotos conheçam melhor vossa vida para melhor poderem imitar vossos exemplos.

Nenhum país do mundo tem tanta devoção a São Benedito como o Brasil. Ótimo que assim seja. Sabendo explorar bem essa devoção popular poderão os pregadores da palavra de Deus esperar um aumento substancial de fé em todo este Brasil, que tanto ama e venera o grande São Benedito.

·2·
O SANTO PRETO

Parece incrível que se tenha de discutir sobre a cor de São Benedito. Mais escurinho ou menos escurinho, que importância tem? Mas o fato é que a discussão existe. Escritores antigos, principalmente franceses, para distinguir São Benedito de São Bento, que na língua deles têm o mesmo nome – *Benoît* – passaram a identificar nosso São Benedito como *Benoît, le More*, isto é, Benedito, o Mouro. Argumentam, então, alguns que se São Benedito era mouro, não era negro, mas escuro. Mas o caso é que ninguém prova que Benedito fosse mouro. Os pais de são Benedito foram levados da África para a Sicília, mas exatamente de que região da África não se sabe.

Mais volumosa, porém, é a tradição que afirma, com Frei Diogo do Rosário, que "Benedito foi filho de pais mui tostados... e sua mãe foi uma preta escrava".

A iconografia, que estuda o modo como os santos são representados nas suas imagens através dos tempos, sempre apresentou São Benedito na cor negra. A tese contrária nos parece, então, pouco provável. Por que, pois, vamos privar o Santo de sua linda cor de ébano? Por que desapontar milhões de negros que têm São Benedito por padroeiro, exatamente por sua cor? Parodiando os ecologistas, nós diremos: "preto porque te quero preto".

Aqui no Brasil, onde o racismo é bem menos acentuado, a cor de São Benedito não impede que milhões de brancos lhe tenham muita devoção. Basta observar as festas do Santo. Brancos e pretos ali se misturam na mesma fé e devoção. Que São Benedito nos ajude a vencer os últimos resquícios do racismo, que tanto mal fez no passado e continua a fazer nos lugares onde o problema ainda não foi solucionado.

·3·
ÁRVORE DO FRUTO ABENÇOADO

A árvore de que falamos são os pais de São Benedito.

Garantiu Jesus que árvore boa dá frutos bons. Ao depararmo-nos com um fruto tão extraordinário como São Benedito, temos, forçosamente, de concluir pela perfeição das árvores que foram seus pais. Árvores abençoadas! Mas essas conclusões, embora corretas, não nascem de documentos, porque não os temos, ou melhor, são muito escassos. Sabemos que se chamavam Cristóvão e Diana Lercan. Eram escravos de um tal Monassero.

Notemos o nome bem cristão do pai de Benedito: Cristóvão ou "aquele que leva Cristo", o que indica que ele também já vinha de um berço cristão. Não só ele, mas também a esposa levaram Cristo ao endereço certo, ao coração do filho Benedito, bem como de seu irmão Marcos e de suas irmãs Baldassara e Fradella.

Dizem que o irmão cometeu um homicídio, mas não conhecemos as circunstâncias. Quem sabe poderá ter sido em legítima defesa, o que não constitui crime perante Deus. A irmã Fradella morreu com fama de santidade.

VIDA DE SÃO BENEDITO

Sendo Cristóvão muito bom cristão, correto e trabalhador, conquistou a confiança do patrão, que o fez capataz da fazenda e feitor dos escravos. Quando Cristóvão se casou, o patrão prometeu-lhe que seu primeiro filho nasceria livre. Assim aconteceu que Benedito, filho de escravos, nasceu livre. Mas, à semelhança de Cristo, que por nós se fez servo, também Benedito passaria sua vida como servo de todos.

Aqueles que se fazem verdadeiramente servos de Deus, por amor, também se fazem servos dos seus irmãos, a quem servem, vendo neles o próprio Cristo. "Tudo o que fizerem ao menor dos meus irmãos é a mim que o fazem." Nessas palavras de Jesus está, inclusive, uma grande promessa de recompensa para nós.

•4•
CRIANÇA ABENÇOADA

São Benedito nasceu em 1526, segundo a maioria dos biógrafos.

Sua infância não foi diferente daquela dos meninos da sua idade e condição: uma vida pobre, humilde e simples, que passou despercebida dos outros. Mas o Espírito Santo o guiava pelos seus caminhos, para fazer dele uma pedra escolhida, preciosíssima. A semelhança do Menino Deus, o menino Benedito crescia em sabedoria, idade e graça.

Os pais também não se descuidavam dos seus deveres de educadores. Olhar vigilante, bons conselhos e, sobretudo, excelentes exemplos. Podemos dizer que Cristóvão e Diana eram espelhos de virtude, nos quais o Ditinho podia ver o que era uma fé viva, uma caridade ardente, oração confiante e uma verdadeira devoção a Nossa Senhora.

Não teve escola, o que não deve espantar-nos, porque bem poucos eram os que estudavam naquela época. Mesmo gente rica e de classe bem mais alta que a de Benedito também não sabia ler e escrever.

Apesar disso, Benedito não cresceu nenhum ignorante, porque teve duas coisas mais indispensáveis que a escola: um lar cristão e a igreja de sua pequena São Filadelfo. A condição de pobreza da família fazia com que ali todos confiassem em Deus e se abandonassem à sua Providência. Mas, ao mesmo tempo em que ali se vivia numa "Igreja Doméstica", não se descuidavam dos deveres paroquiais. Era ali, na sua igreja matriz, que brilhavam os exemplos da família de Benedito.

Um lar cristão e uma vida comunitária bem estruturada são o ambiente natural onde surgem as vocações religiosas e sacerdotais. Ali começou também a vocação do religioso franciscano. Benedito não foi para o convento para aprender as virtudes, mas para levá-las à perfeição.

Os pais, responsáveis pela educação dos filhos, devem aprender com os pais dos santos como conduzir seu trabalho. Por trás dos santos sempre estiveram os bons exemplos dos pais ou ao menos a presença de uma santa mãe.

·5·
SÃO FILADELFO

O nome de Benedito nos livros litúrgicos é Benedito de São Filadelfo. Era velha tradição dos frades, agora abandonada, usar como sobrenome o nome do lugar onde nasceram. São Benedito nasceu em São Filadelfo, daí: Benedito de São Filadelfo.

O lugar mais tarde passou a chamar-se São Fratello. Querem alguns que essa mudança se tenha dado em honra do "Irmão" Benedito, que em italiano se diz Fratello Benedetto. Os religiosos leigos ainda hoje são chamados de "Irmãos" nas suas Ordens ou Congregações.

Mas não me parece que tenha sido essa a razão da mudança do nome de São Filadelfo para Fratello. Qual foi então? A informação nos é dada pela Enciclopédia Espanhola (*Espasa-Calpe*). São Filadelfo é um mártir cristão morto no dia 10 de maio do ano 251, a nordeste de Siracusa, na Sicília. Morreu juntamente com seus irmãos Alfio e Cirino. Mais tarde suas relíquias foram levadas para Aluntium, ao norte da ilha. É possível que somente as relíquias de São Filadelfo tenham sido trasladadas, como parece indicar o nome atual, San Fratello, que recebe a antiga Aluntium. San Fratello significaria, então, o santo irmão de Álfio e de Cirino.

Aluntium, San Filadelfo e San Fratello. Desses três nomes oficializou-se o último, San Fratello, como é chamada até hoje a terra de São Benedito.

•6•
UM NOME BENDITO

Os pais escolhem os nomes dos seus filhos, mas nem sempre são felizes nessa escolha. Ou o nome nada significa ou, quando tem significado, este não combina com o dono do nome. Sirva de exemplo a velha história do tempo de Alexandre Magno, o grande conquistador. Ele encontrou, certa vez, entre seus soldados, um que era feito de pura covardia. Aproximando-se dele, perguntou-lhe aquele rei: – "Como te chamas?".

– "Alexandre", respondeu tremendo o infeliz.

– "Pois então, tornou-lhe o rei, muda de nome ou de comportamento."

Verdadeiramente inspirados foram os pais de Benedito, quando lhe deram este nome, que significa bendito, abençoado. Quando a água batismal correu na fronte da criança e o sacerdote impôs-lhe o nome: "ó Ben(e)dito, eu te batizo..." a Santíssima Trindade ratificava, para o tempo e para a eternidade, aquilo que estava ali acontecendo. Hoje entendemos aquela profecia. O menino era mesmo um "bendito".

Bendito, porque estava predestinado a bendizer o nome de Deus por uma vida santa, e, assim, ele mesmo se tornar um bendito.

Bendito por seus pais escravos, porque se viram libertos e remidos naquele filho que nasceu livre pela vontade do seu dono.

Bendito através dos tempos por todos os seus devotos, entre os quais estamos nós brasileiros, que tanto o amamos e veneramos.

Continuemos, pois, a bendizer a Deus, que deu ao nosso povo este nome abençoado, para ser uma fonte inesgotável de proteção para nossa vida e perseverança para nossa fé. Embora tivéssemos uma centena de santos nascidos no Brasil, certamente São Benedito seria o mais "brasileiro" de todos os santos.

•7•
O PASTORZINHO

Simpática profissão a de pastor de ovelhas. São homens que inspiram bondade, delicadeza, segurança e outras coisas boas. Gostaria que algum evangelista nos tivesse contado que Jesus foi pastor. E exatamente naquelas campinas de Belém, onde os anjos anunciaram aos pastores o seu nascimento.

No entanto, Jesus encarnou de um modo perfeito todas as virtudes dos pastores. Só ele pôde dizer: "Eu sou o bom pastor" *(*Jo 10,11).

Os reis também foram chamados de pastores do seu povo, e os Papas, de pastores da Igreja. O grande rei Davi foi pastor. E estava cuidando das ovelhas quando o profeta Samuel chegou a Belém para sagrá-lo rei. Libertou toda a Palestina, uniu as doze tribos de Israel e deu a paz ao seu povo.

O menino Benedito foi também pastor, ajudando o pai no cuidado dos rebanhos do patrão. Conduzir o rebanho para as pastagens, tirar leite das ovelhas, fazer queijo e requeijão são trabalhos de um pastor. Também procurar alguma ovelha extraviada e estar sempre vigilante contra cães, lobos e outros animais selvagens que atacam o rebanho.

7 • O PASTORZINHO

O ofício em si é simples e humilde, mas traz consigo algo de poético, de místico e alegórico. O pastorzinho Benedito aprendeu com as ovelhas sua proverbial mansidão e utilidade, já que elas nos alimentam com sua carne e leite e nos vestem e agasalham com sua lã. Aquele que teria, no futuro, um cargo de condutor na sua Ordem religiosa, como Superior da Comunidade, preparou-se para isso como pastor.

Quando vemos a Irmandade de São Benedito, todos os irmãos vestidos de branco, marchando na procissão ou desfilando garbosamente na cavalaria, vêm-nos à fantasia o pastorzinho Benedito guiando suas ovelhas. Aquele menino seria o pastor de seus irmãos, servindo-os com simplicidade, alimentando-os com seu trabalho de cozinheiro, agasalhando as crianças e os pobres, que não saíam da porta do convento.

Mais. Na paz dos campos Benedito pôde dedicar-se às coisas de Deus, pela contemplação das suas maravilhas. Ali sua alma voava para Deus naquela oração que só os santos sabem fazer. A resposta de Deus era imediata, razão por que Benedito voltava para casa cheio das consolações de Deus e robustecido na paciência, para suportar tudo, até os maus-tratos dos companheiros, que, volta e meia, implicavam com sua cor.

"Deus prepara no silêncio os seus santos", escreveu Dom Francisco de Paula e Silva. Nesse silêncio o Espírito Santo trabalha as almas dos seus escolhidos para a missão de profetas, reis e sacerdotes. Benedito seria um pouco de tudo isso por meio da sua atuação cristã e religiosa no mundo.

•8•
BENDITO O QUE SEMEIA

*L*avrar e pastorear são os dois primeiros trabalhos de que fala a Bíblia, quando nos apresentam os dois irmãos Caim e Abel. Caim era lavrador e Abel, pastor. Pastorear é, sem dúvida, mais agradável. Lavrar, plantar, regar é trabalho pesado e desgastante. Parece até um castigo, pois disse Deus a Adão depois do pecado: "Comerás o pão com o suor do teu rosto. Com trabalho penoso tirarás da terra o alimento de cada dia" (Gn 3,18-19).

Hoje os tratores lavram os campos e as irrigações artificiais fazem as plantas crescerem. Assim mesmo, não são todos os lavradores que podem utilizar-se desses recursos. Os pobres ainda estão na rabiça dos seus arados, cortando o chão e curtindo o sol. O salmo 125 lembra os semeadores que vão, entre lágrimas, espalhando as sementes.

Foi assim com São Benedito. O amor ao trabalho e a pobreza da família fizeram com que, logo que conseguiu suas primeiras economias, tratasse de comprar uma junta de bois e se pusesse a lavrar a terra para o plantio. Então, Benedito foi um dos muitos santos e santas que regaram a terra com o suor do seu rosto, para extraírem dela o pão de cada dia. Com isso ele provou ao mundo que se pode ser santo em qualquer trabalho e ocupação, contanto que se trabalhe com paciência, por amor de Deus. Benedito soube viver no seu dia a dia o conselho do apóstolo São Paulo: "Quer comam, quer bebam ou façam qualquer outra coisa, façam tudo para a glória de Deus".

Até os 21 anos Benedito viveu nessa labuta, com as tristezas e alegrias que se revezam na vida dos agricultores. Estes, em geral, costumam ser muito religiosos, já que os resultados dos seus trabalhos dependem muito do tempo. Eles vivem com os olhos no céu, observando o sol e a chuva. Mas os olhos da fé vão além das nuvens: vão até Deus que fez o sol e prepara as chuvas. O salmo 64 agradece a Deus "que visita a nossa terra com as chuvas, e ela transborda de fartura".

Será que os agricultores brasileiros sabem que São Benedito é também seu protetor? Eis aqui uma pequena oração do agricultor a São Benedito:

> Ó Deus, Senhor da vinha e da messe,
> que nos dais o justo salário,
> abençoai, pela intercessão
> de São Benedito,
> os nossos trabalhos e esforços.
> Que nossas atividades,
> que alimentam a fome do mundo,
> contribuam para a vossa glória
> e para a fraternidade dos vossos filhos.
> Por Cristo, nosso Senhor. Amém.

•9•
BENDITO QUEM OUVE O CHAMADO DO SENHOR

Estamos em 1547. Entre o cansaço de quem tem de pegar no duro eito e as alegrias de quem colhe o que plantou, Benedito alcança seus 21 anos. Foi nessa idade que ouviu de Deus um convite para viver uma vida perfeita. Aquele "vem e segue-me", que Jesus dirigiu a tantos discípulos, chegou aos ouvidos de Benedito pela voz de um santo monge eremita, chamado Jerônimo Lanza. Moço rico e de família importante, tinha tentado ser franciscano da Ordem Primeira, mas chegou à conclusão de que esta não era a sua vocação. Queria uma vida de muita penitência mesmo. Retirou-se, então, com alguns companheiros, para um sítio bem sossegado, chamado Santa Domênica[1], a poucos quilômetros de San Fratello.

Pois bem. Esse Frei Jerônimo passou certa vez pelo campo onde Benedito trabalhava. Um bando de desocupados estava lá, caçoando dele por ser negro. Jerônimo aproximou-se com toda a dignidade de um cristão, e sua presença já bastou para que os

---

[1] Santa Domênica é comemorada no Martirológico Romano a 6 de julho. Mártir sacrificada em Nicomédia, na perseguição de Diocleciano.

agressores se calassem. Observou bem Benedito e logo sentiu nele aquela marcante presença de Deus. Voltando-se depois para os caçoadores, agora modificados, disse-lhes: "Dentro em breve vocês ouvirão maravilhas a respeito deste negro que agora vocês tratam com tanto desprezo!".

Mais tarde voltou Lanza à procura de Benedito na palhoça onde morava e lhe disse:

– "O que você está esperando, Benedito? Venda seus bois e venha para a minha comunidade." Esse convite foi uma ordem de Deus para Benedito, que se despediu de seus pais e, abençoado por eles, juntou sua mala e seguiu a voz que o chamava, a voz de Deus.

Como a despedida de São Francisco do lar paterno, este foi um dia de alegria e de vitória para Benedito. Achou o que tanto procurava: a liberdade para servir unicamente a Deus, por entre trabalhos, jejuns, orações e penitências.

O ramo franciscano, ao qual pertencia a comunidade de Frei Lanza, chamava-se Irmãos Eremitas Franciscanos. Penitência ali não faltava, tantas e tão severas que nada ficavam a dever à vida penitente dos eremitas do deserto da Tebaida. Basta dizer que ali, em Santa Domênica, jejuava-se três vezes por semana! São Francisco, lá do céu, comprazia-se vendo a pobreza daqueles seus discípulos. Pobreza na cela, no hábito que vestiam e na comida que comiam: alguma verdura que plantavam e alguma outra coisa que ganhavam de esmola. São Francisco

9 • BENDITO QUEM OUVE O CHAMADO DO SENHOR

fundara uma Ordem mendicante, isto é, que vivia essencialmente das esmolas que ganhava. Monges pobres entre os mais pobres.

Nas longas vigílias de oração, Benedito podia contemplar o céu estrelado, como outrora o rei Davi na sua juventude, e rezar com ele: "Os céus proclamam a glória do Senhor, e o firmamento, a obra de suas mãos" (Sl 18a).

A contemplação da grandeza do universo coloca o homem humildemente ajoelhado perante o Deus infinito que tudo criou sem ajuda de ninguém.

Uma boa descrição da vida eremítica encontramos no celebérrimo livro de espiritualidade, chamado *Imitação de Cristo:* "Oh, quão rigorosa e retirada vida viveram os santos padres do deserto! Quão rigorosas penitências praticaram! De dia trabalhavam e passavam as noites em contínua oração. Mesmo trabalhando não interrompiam sua oração mental. Nada queriam do mundo. Apenas tomavam o necessário para a vida, e lhes era pesado servir ao corpo ainda nas coisas necessárias" (*IC. LI.* Cap. 18).

Até parece que o autor da Imitação de Cristo estivera em Santa Domênica, observando a vida de São Benedito, para depois escrever isto...

·10·
VIDA RELIGIOSA E CONTEMPLATIVA

O decreto do Concílio Vaticano II, *Perfectae Caritatis*, lembra que, "desde os tempos primitivos da Igreja, existiram homens e mulheres que se puseram a seguir a Cristo com maior liberdade, por meio da vida consagrada a Deus. Essa vida consagrada consiste em seguir a Cristo que, sendo virgem e pobre, pela obediência até a morte na cruz, redimiu e santificou os homens.

Assim os religiosos, por inspiração do Espírito Santo, ou passaram a vida na solidão ou formaram grupos religiosos para servir à Igreja em muitas frentes de trabalho" (*PC* 1).

São Benedito escolheu, a princípio, a vida consagrada a Deus numa família religiosa de vida contemplativa. A esses e essas que vivem assim, disse o Papa Paulo VI: "Uma atração irresistível vos arrasta para o Senhor. Empolgados por Deus entregai-vos à sua ação soberana, que vos eleva para Ele e nele vos transforma, enquanto vos prepara para aquela contemplação eterna, que constitui a nossa comum vocação" (*Evangelica Testificatio*, 8).

Esse privilégio de se viver já aqui na terra, mergulhado na contemplação de Deus, como fazem os bem-aventurados no céu, leva esses religiosos a uma ascensão espiritual diária. Mas isso não beneficia unicamente a eles, pois, como afirmou Paulo VI, os contemplativos contribuem para a extensão do Reino de Deus pelo testemunho de suas vidas e por uma misteriosa fecundidade apostólica *(ET* 8).

Milhões de outras pessoas bem mais estudadas, mais ricas e mais poderosas não contribuíram para a glória de Deus e o crescimento do seu Reino sequer com uma parcela do que realizou o pobre e humilde São Benedito. Essa é a "misteriosa fecundidade" a que se refere o Papa, que está repetindo o que disse o Concílio *(PC* 7).

Na experiência dessa vida contemplativa, em Santa Domênica, viveu Benedito cinco anos antes de ser admitido a professar seus votos solenes, o que foi feito com licença do Papa Júlio III. Agora sim, era um religioso no sentido pleno da palavra. Mas, por mais rigorosas que fossem as regras de vida dos Eremitas de São Francisco, Benedito já dera mostras de viver ainda mais rigorosamente do que estava prescrito. Uma única refeição pobre por dia já lhe parecia muito, e o chão duro para dormir não lhe parecia tanto sacrifício.

·11·
RELIGIOSO DESINSTALADO

Nada o monge e o eremita apreciam tanto como ficarem sossegados no seu cantinho. Por força de sua vocação, eles não têm a mesma mobilidade dos missionários, que hoje estão aqui, amanhã ali, conforme as urgências pastorais os reclamam. Mas os religiosos que vivem em grupo, inclusive os de vida contemplativa, sabem que seus superiores podem transferi-los quando julgarem necessário, e o religioso não irá opor resistência, por isso ele tem voto de obediência. É então que o bom religioso medita aquela palavra da Carta aos Hebreus: "Não temos aqui cidade permanente, mas aguardamos a eterna" (Hb 13,14).

Mas por que estamos falando em desinstalação? Alguém veio desalojar os eremitas de Santa Domênica?

Sim, mas não vamos culpar ninguém. Ou então vamos culpar a própria santidade de Benedito. A proximidade entre o eremitério e o povoado levava muita gente a procurar os frades, principalmente São Benedito. Iam lá pedir uma bênção, um conselho, uma oração pelas suas necessidades e doenças. Muitos desses visitantes começaram depois a jurar que alcançaram graças, que receberam milagres por intermédio de Frei Benedito. Levas e mais levas de gente começaram a baixar em Santa Domênica. Pobres frades! Lá se foi o seu sossego. Não atender o povo parecia-lhes desumano. Se atendiam, não lhes sobrava tempo para seus deveres religiosos. É verdade que o problema atingia mais os freis Lanza e Benedito, mas os outros também se sentiam incomodados. Foi então que tomaram a difícil resolução: ir embora dali.

Pobres como eram, não tinham muita coisa para levar. Cada um arrumou sua trouxa e pé na estrada. Lá vão os novos Abraão para a terra que Deus ainda ia destinar-lhes. No coração esperanças, sobressaltos e saudades de Santa Domênica... Continuariam com a devoção a ela. Suas relíquias estavam em algum lugar da Sicília, mas essa ilustre Mártir não era dali. Foi martirizada no tempo de Diocleciano e talvez fosse grega, com o nome de Ciríaca.

Mas para onde caminhava a comunidade de Lanza? – Para o vale de Nazana, onde Frei Benedito e seus companheiros passariam oito anos. Para a frente viriam Mancusa e San Pellegrino. O fato é que Deus permitiu essa desinstalação, porque precisava dos testemunhos de vida e dos bons exemplos daquelas santas criaturas para converter e salvar outra gente.

·12·
A CANCEROSA DE MANCUSA

Nada temos da presença de Frei Benedito e seus companheiros em Nazana – oito anos por lá – senão a certeza de que ele passou fazendo o bem, crescendo em santidade cada dia, dando frutos pela perseverança.

De lá, vieram os santos eremitas para Mancusa, a noroeste da ilha, perto de Carini, a quinze quilômetros de Palermo.

Escolheram, para assentar o eremitério, uma região inóspita, rochosa e cheia de cavernas, que serviam de abrigo aos lobos e outros animais selvagens que infestavam os arredores. Os frades estavam avisados do perigo que corriam, mas pensaram: "É assim que queremos, porque por medo das feras o povo nos dará sossego". Com efeito, o local era evitado pelos habitantes de Mancusa e outros caminhantes, que o contornavam temerosos.

No entanto, uma especial proteção de São Francisco desceu sobre seus frades, de tal modo que os animais selvagens não os molestaram. Os lobos de Mancusa conviveram pacificamente com os eremitas, como outrora o lobo de Gubbio, que São Francisco amansou. Lá podiam aqueles franciscanos rezar, com bastante realismo, o versículo do Cântico dos Três Jovens, que diz: "Feras e rebanhos, bendizei o Senhor!" Urros de feras e louvores dos monges subiam diariamente ao céu, bem como ressoavam nas grutas da região...

– "São santos", dizia o povo. "Sim, são santos", acrescentavam outros, "e por isso podem ajudar-nos".

– "Há por lá um tal Frei Benedito que faz milagres", dizia um terceiro.

Aos poucos, como aconteceu nos outros eremitérios, o povo aprendeu o caminho para lá. Perderam o medo dos lobos, que, aliás, são animais assustados e covardes. Só atacam quando muito desesperados pela fome.

Aproveitando um dia em que Frei Benedito atravessava o lugarejo, numa casinha, chamaram-no para ver uma doente.

– "Não posso fazer muita coisa por ela, explicou o Santo, porque não sou sacerdote. Mas posso fazer-lhe uma visita e rezar por ela."

– "Pois venha, Frei, imploraram os parentes, está sofrendo muito."

Frei Benedito entrou. Bendita hora! Os anjos no céu repetiram as palavras de Cristo na casa de Zaqueu: "Hoje entrou a salvação nesta casa".

– "Acode-me, Frei, gritava uma pobre mulher, roída viva por um câncer no seio, que se alastrava terrivelmente. Dá-me uma bênção, pelo amor de Deus!"

12 • A CANCEROSA DE MANCUSA

Condoído pelas dores daquela pobre enferma e pela aflição dos seus familiares, Benedito aproximou-se do leito, rezou com a enferma e demais presentes, animou-a a ter fé em Deus e depois, a pedido dela, traçou o sinal da cruz sobre a chaga do seio. O milagre aconteceu. Instantaneamente a mulher ficou curada. Pode-se imaginar o susto e a alegria de todos. Benedito incentivou-os a darem graças ao bom Deus e a Jesus Cristo, seu Filho, cujas mãos misericordiosas se fizeram presentes ali. Logo em seguida o Santo virou nos pés, fugindo de qualquer agradecimento ou louvor.

A história desse milagre repercutiu muito. Verdadeiras romarias começaram a dirigir-se para o eremitério, exatamente atrás de São Benedito. Todos queriam conhecer aquele homem extraordinário a quem Deus dera o dom de curas. Começaram a trazer doentes em macas e carroças, e aqueles ermos ficaram povoados. Centro de romaria. Exatamente o que os frades temiam. Acabaram-se o sossego e o silêncio de que a comunidade necessitava para levar avante sua vida contemplativa. O velho problema de Santa Domênica veio, mais uma vez, às mãos de Frei Lanza. Depois de várias reuniões, resolveram mudar-se. Para onde? Deus providenciará.

·13·
CAMINHANDO NA
FÉ E NO AMOR

Saíram de Mancusa com tristeza, porque o lugar era um encanto! A natureza ajudava ali aqueles homens de Deus na sua vida contemplativa. Mas eles precisavam de solidão e saíram à procura dela. Diz o apóstolo Paulo que, enquanto estamos no corpo, peregrinamos longe do Senhor. Mas também é verdade que, cada passo que damos na vida, caminhando na fé e no amor, é um passo que damos para mais perto de Deus.

Durante quatro anos, aqueles frades vaguearam por diversos lugares, sem encontrar onde se instalar. Por fim, estabeleceram-se junto ao Monte Pellegrino, perto de Palermo, num local que fora santificado pela presença de Santa Rosália, falecida e sepultada ali pelo ano 1160. Mas isso nós sabemos hoje, porque a sepultura da santa só foi descoberta em 1642. Não se sabe se Benedito e seus companheiros encontraram alguma tradição a respeito disso. Apenas sabemos que eles estabeleceram seu eremitério no morro que leva hoje o nome de Santa Rosália.

Não ficaram muito tempo ali, apesar de terem ganhado uma casa, isto é, alguma coisa que merecia

VIDA DE SÃO BENEDITO

o nome de convento, pois antes só viviam em choupanas isoladas. O presente veio de parte do vice-rei da Sicília, Giovanni Lacerda, que, condoído pela pobreza daqueles monges, construiu-lhes casa, capela e uma cisterna, já que a fonte ficava muito longe.

De resto, pouco sabemos da vida de São Benedito em Monte Pellegrino. Diríamos que ali Frei Benedito fez a experiência de uma comunidade religiosa regular, isto é, que podia cumprir integralmente as regras da Ordem.

Em Monte Pellegrino faleceu Frei Jerônimo Lanza, fiel à sua vocação e aos seus ideais. Foi bom Deus tê-lo levado para que ele não visse o fim do seu eremitério, fim que nem Frei Benedito conseguiria deter.

A morte de Lanza a princípio desnorteou aquela comunidade, de vida já tão precária e cigana. Mas ela não pereceu por falta de chefe, porque a presença de Frei Benedito era uma garantia de sua continuidade. Acabou chegando ao seu fim por vontade soberana da santa Igreja, que há mais tempo desejava unir inúmeros ramos franciscanos que proliferavam naquele tempo. Um desses ramos eram os Irmãos Eremitas Franciscanos, fundado por Lanza.

Cancelando licença dada pelo Papa Júlio III (1550-1555), Pio IV, em 1562, extinguiu a comunidade de Monte Pellegrino, ordenando que os eremitas procurassem conventos da Ordem Primeira Franciscana ou voltassem para suas casas. Como aqueles eremitas de Lanza eram santos e o termôme-

13 • CAMINHANDO NA FÉ E NO AMOR

tro da santidade é a obediência, eles, com lágrimas nos olhos, obedeceram. Dissolveram a comunidade, despediram-se e cada qual tomou o seu rumo. Por mais de quinze anos Benedito havia vivido naquela comunidade eremítica. Estava agora com 36 anos mais ou menos.

·14·
SANTA MARIA DE JESUS

O que fazer da sua vida? Voltar para casa, para seus parentes? Nem pensar. Que convento procurar? Será que o receberiam? Urgia uma solução, pois, afinal, Benedito não tinha mais casa nem comida. Restava-lhe ainda um pouco de dinheiro que lhe tocara quando da repartição dos poucos bens do eremitério de Monte Pellegrino.

De uma coisa Benedito tinha certeza: a Providência divina não falha com seus filhos nem a Virgem Maria abandona seus devotos. Com esses pensamentos Benedito dirigiu-se à catedral de Palermo para rezar.

Terminadas suas orações, Benedito já havia tomado a decisão de procurar Frei Arcângelo de Scieli, guardião do convento franciscano de Santa Maria de Jesus, a poucos quilômetros de Palermo. Ali, segundo todos diziam, moravam religiosos de grande santidade.

Chegando lá, Benedito foi muito bem recebido e até estranhou. Mas logo ficou sabendo que sua fama de santo há muito tempo já era ali conhecida. Todos esperavam ocasião de conhecê-lo pessoalmente. Quando, pois, Frei Arcângelo o apresentou à comunidade, foi geral a alegria. Benedito sentiu-se verdadeiramente irmão entre irmãos. Mais tarde ele poderia transmitir aos noviços aquela experiência que ele fez no seu primeiro dia em Santa Maria de Jesus.

Apesar de já ser um religioso professo há mais de dez anos, os superiores mandaram Frei Benedito para o convento de Sant'Ana di Giuliana, para uma espécie de noviciado. Entre o ramo franciscano de Lanza e este agora havia muita diferença. Era preciso assimilá-la. Benedito adaptou-se tão bem em Sant'Ana, que acabou ficando por lá três anos, após os quais seus superiores o chamaram de volta para Santa Maria de Jesus, onde viveria para o resto da vida. Depois de tanta peregrinação, de tanta andança, finalmente encontrou sossego. Naquele jardim florido Benedito seria a flor mais perfumosa. Ali queria o Santo esconder-se dos olhos e da admiração do mundo. Mas como? Pode a violeta esconder-se entre as folhagens, de modo que ninguém a encontre? No recesso dos lares, no coração das florestas ou na penumbra dos claustros a santidade dos servos de Deus brilhou mais que o sol!

·15·
BENDITO ENTRE AS PANELAS

Os religiosos leigos sempre se dedicaram aos trabalhos domésticos em seus conventos, enquanto os sacerdotes executavam trabalhos nas igrejas, no ministério da palavra ou nos trabalhos apostólicos. O cuidado da sacristia, da porta do convento, limpeza da casa, cozinha e rouparia ficavam aos cuidados dos Irmãos leigos.

Benedito foi designado para a cozinha do convento de Santa Maria de Jesus. Talvez ele mesmo tenha escolhido este trabalho. Dizemos que é um trabalho humilde, mas Jesus não foi carpinteiro? Não há trabalho pequeno para quem faz tudo por amor. Já Santa Teresa dizia que Deus está também no meio das panelas. Essa Doutora da Igreja também achou tempo para trabalhar na cozinha do Carmelo e lá teve seus êxtases. Coisa semelhante aconteceu na cozinha de Santa Maria de Jesus, onde ocorreram grandes favores de Deus para atestar a santidade de Frei Benedito.

Feliz aquela comunidade que se alimentou da comida preparada por aquelas mãos tão santas! Cuidado, humildade, amor e muita oração eram os temperos principais, que tornavam saborosíssima a alimentação, mesmo nos dias em que havia pouca coisa para se comer. Um religioso leigo, na cozinha do seu convento, pode salvar tantas almas ou mais que seus colegas sacerdotes na pastoral. Isso depende unicamente do grau de amor com que um e outro vivem sua vocação religiosa. Ora, só Deus mesmo poderia medir a intensidade do amor de São Benedito nos trabalhos daquela cozinha. Se ele não podia exercer o ministério da palavra, que há trezentos anos já era exercido maravilhosamente pelos filhos de São Francisco, enquanto seus companheiros sacerdotes celebravam, pregavam ou batizavam, Benedito, na cozinha, preparava o alimento corporal, sustentáculo das forças espirituais. Exatamente como dizia o grande missionário e radialista Padre Vítor Coelho: "Quem ajuda na pregação tem méritos de pregador". Muitos religiosos leigos, que entenderam sua vocação, santificaram-se e somaram com seus companheiros sacerdotes nas grandes conquistas para o Reino de Deus.

·16·
A NOVA PESCA MILAGROSA

Como São João vai inserindo certos milagres de Jesus em seu Evangelho, para provar sua divindade, assim também queremos inserir aqui alguns fatos milagrosos que se contam da vida de São Benedito e que vêm nos provar a grande amizade que nosso Santo gozava junto de Deus. Certo homem, curado de cegueira por Jesus, argumentou assim com aqueles que o importunavam: "Nós sabemos que Deus não ouve os pecadores; mas, se alguém é temente a Deus e faz a sua vontade, a esse Deus ouve" *(*Jo 9,31).

Deus ouviu Benedito numa hora de angústia como cozinheiro. Não digo que os merecimentos de toda a comunidade não tenham também movido Deus a socorrê-la milagrosamente numa hora de aperto. Mas o certo é que Deus quis usar do seu fiel Servo como instrumento da sua misericórdia. Vamos ao fato: Certa vez, acabaram-se as provisões do convento. A despensa estava vazia. Era inverno, o céu estava escuro e uma tempestade rugindo lá fora. O convento vivia de esmolas, exatamente como no tempo de São Francisco. Mas como sair com um tempo daqueles para pedir esmolas? Pai do céu, o

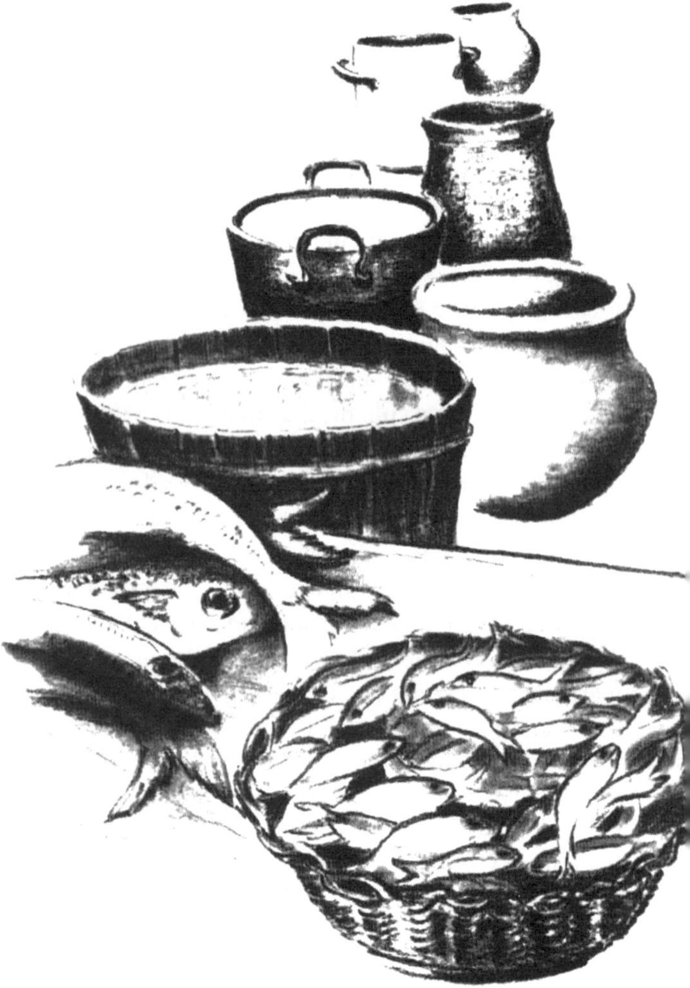

que fazer? "Panem nostrum quotidianum da nobis hodie" – rezavam os frades na igreja – enquanto Benedito com seu auxiliar lidava na cozinha. A oração o fez lembrar-se de uma passagem na vida de São Francisco, quando este, para infundir confiança nos seus companheiros, que ainda teriam seu convento apesar da extrema pobreza, pediu que alguém ali abrisse o Evangelho em qualquer lugar e lesse o que estava escrito. E, ao abrir o livro, apareceram estas palavras: "Não se inquietem quanto à sua vida, com o que vão comer ou beber, nem quanto ao vosso corpo com o que vão vestir. Porventura não é o corpo mais do que o vestido, e a vida mais do que o alimento? Olhem para as aves do céu: não semeiam, nem ceifam, nem recolhem em celeiros; e o Pai celeste as alimenta" (Mt 6,25-26).

Iluminado por essas palavras e movido por uma confiança ilimitada na Providência do Pai, Benedito pôs-se a agir. Naquela noite, com a ajuda do auxiliar de cozinha, encheu com água todas as panelas, tachos e latas grandes que havia na casa. De manhã, ó maravilha: aquilo tudo estava cheio de peixes frescos, muitos deles vivos. A maravilhosa mão de Deus estava ali, diante dos olhos deles. Imaginem os comentários da comunidade...

É essa pesca milagrosa à qual o título se refere.

·17·
JANTAR PARA O ARCEBISPO DE PALERMO

Era Natal. Querendo passar um dia bem franciscano, isto é, um dia de muito recolhimento e oração, o arcebispo de Palermo viera celebrar para os frades de Santa Maria de Jesus e passar o dia com eles.

Fidelíssimos às tradições do tempo de São Francisco, seus discípulos no mundo inteiro faziam questão de passar o dia de Natal em muita contemplação e ações de graças. São Francisco fora o autor do primeiro presépio e esse fato criou nos seus discípulos uma especial comemoração do santo Natal.

Benedito participou daquela missa que o senhor Arcebispo veio celebrar naquela manhã em Santa Maria de Jesus. O dia lhe foi curto para louvar e agradecer a Deus o dom infinito da encarnação do Filho de Deus. Pode-se dizer que passou aquele dia em êxtase. Mas, e a cozinha? As horas passavam e Benedito não aparecia na cozinha. Seu auxiliar já estava apavorado. Onde está o cozinheiro? Vários confrades saíram à sua procura e foram encontrá-lo na igreja, imerso em profunda oração diante de um quadro do presépio de Jesus.

– Frei Benedito – gritaram – já está quase na hora do almoço e o arcebispo já está chegando! Como foi acontecer uma coisa dessas? Que vergonha para nós!

– Calma, gente, respondeu o Santo, já está tudo pronto. Quando Sua Excelência estiver à mesa, a comida estará lá, quentinha.

Frei Benedito dirigiu-se para a cozinha somente para tirar a comida das panelas, colocá-la nas travessas e entregá-las para os confrades que ajudavam a servir.

– "Mas como?" – exclamou o Irmão auxiliar – "se agora mesmo nem havia panela no fogo?" Não faltaram testemunhas que viram dois jovens de grande beleza mexendo para lá e para cá na cozinha, enquanto Frei Benedito rezava na igreja. Alguns concluíram e outros perguntavam: "Não eram dois anjos?".

O fato é que mãos estranhas, mas muito experientes, haviam preparado um banquete de Natal para a comunidade e para o ilustre visitante.

Fatos como esse, dizem os historiadores, não eram raros naquela cozinha. Realmente Deus gostava muito daquele cozinheiro!

·18·
O GUARDIÃO DE SANTA MARIA DE JESUS

Em 1578, estando Frei Benedito com 52 anos foi nomeado guardião de Santa Maria de Jesus. Guardião é o título dos superiores dos conventos franciscanos. Uma coisa até hoje raríssima: um religioso leigo escolhido para superior de uma comunidade onde moram também sacerdotes. Ora, ali em Santa Maria havia vários freis sacerdotes. Como, então, escolhem Frei Benedito para superior? Basta o fato para calcularmos o prestígio de que gozava ali o humilde Santo. É sinal que viam em Frei Benedito qualidades de dirigente.

Cabe ao superior das comunidades religiosas dar ou negar as licenças pedidas, e a ele se prestam contas de todos os gastos extras. É ele que preside todas as reuniões da comunidade, também as orações comunitárias. Escala os trabalhos apostólicos e deve ser o primeiro a trabalhar. Como animador dos confrades, compete ao superior dar o bom exemplo a todo o tempo e em todo o lugar. Um superior santo santifica seus confrades; um superior relaxado leva todo o convento ao relaxamento.

Os que escolheram Benedito para guardião não olharam seus estudos, que eram poucos, mas sua santidade que era muita. Conhecia ele bem a palavra de Deus, a Teologia mesmo, ao ponto de espantar os estudados. Conhecia e vivia com perfeição as regras da sua Ordem.

Possuía uma santidade imensa, traduzida por uma humildade a toda a prova, uma caridade que iluminava o convento, um espírito de oração e de serviço que chamava a atenção de todos e obrigava seus coirmãos à imitação. O que lhe faltava, então, para ser um ótimo superior? – Nada. É por isso que não julgaram nenhum absurdo fazer Benedito guardião.

O espanto foi mesmo do próprio Santo. – Eu, pensou ele no fundo da sua humildade, um pobre religioso leigo, analfabeto, superior dos meus confrades sacerdotes, dos quais não sou digno de desatar as correias das sandálias? Guardião deste convento da Mãe de Deus, que já é guardado pelos anjos?

Benedito apresentou aos seus superiores as suas escusas. Faltavam-lhe – explica – qualidades suficientes para tamanha responsabilidade. Sua renúncia não foi aceita. Desabafou com seus confrades, mas esses lhe fizeram ver que ali estava à vontade de Deus e que era hora de obedecer.

Benedito abaixou a cabeça e aceitou a canga. "Seja feita a vossa vontade." "Quando se anda com Jesus", garante o Padre Leonel Franca, SJ, "não há ordem que não se execute com amor e alegria".

Três anos ficou Benedito no cargo de guardião do convento de Santa Maria de Jesus. Como terá sido seu governo? Não será difícil de se imaginar.

A rainha de Sabá julgou felizes os súditos de Salomão, por serem governados por um rei de tamanha sabedoria. Feliz aquela comunidade franciscana de Palermo, que pôde ter como guardião uma figura tão humana, mas ao mesmo tempo tão angélica! Os confrades puderam sentir quão acertada fora aquela nomeação. Podia-se sentir em São Benedito a presença de um novo apóstolo Paulo dizendo: "Não sou eu que vivo, é Cristo que vive em mim".

•19•
ABENÇOADO AQUELE QUE SERVE

Falando das qualidades que devem ter os diáconos, escreveu Paulo a Timóteo: "Os que desempenharem devidamente o seu cargo alcançarão para si muito respeito e muita confiança na fé em Jesus Cristo" (1Tm 3,13). Benedito não foi diácono, mas como guardião foi o melhor servidor dos seus irmãos. Seguiu ao pé da letra o conselho que São Pedro dá em sua Carta: "Se alguém exerce um ministério, que seja como um dom recebido de Deus, para que em todas as coisas Deus seja glorificado em Jesus Cristo" (1Pd 4,11).

Nada escapava aos olhos vigilantes do Guardião, mas se excedeu na amabilidade para com os hóspedes e no cuidado dos enfermos.

Quanto aos hóspedes, recebia-os com tanta caridade e carinho que eles ali se sentiam no céu e, logo que podiam, voltavam com alegria.

Seu desvelo para com os doentes não foi o de um profissional, foi o de um pai. Virava-se de todas as maneiras para que nenhum doente ficasse sem os remédios necessários. E é bom lembrar-nos de que estamos no século 16, quando não havia farmácias como hoje. Tudo era mais difícil e os resultados sempre duvidosos. Mas Deus, que acudia Benedito com milagres na cozinha, também o acudiu nas enfermidades dos seus confrades, porque na cabeceira deles estava o fiel servo Benedito.

Mas nem por ser guardião deixou Benedito de desempenhar os outros trabalhos da casa, reservados aos irmãos. Assim o Guardião era visto ora na cozinha, ora na horta ou com uma vassoura na mão. O espírito de corresponsabilidade levava o Santo a compartilhar de todos os trabalhos da casa, e assim tudo ali prosperava.

· 20 ·
A MULTIPLICAÇÃO DOS PÃES

Parece que o caso mais extraordinário acontecido durante o tempo em que Frei Benedito governou o convento foi uma multiplicação de pães. É outro fato em que se vê claramente a presença de Cristo na pessoa de Benedito, acudindo os pobres e famintos.

Apesar de o convento também viver de esmolas, como sempre temos frisado, a ordem do Guardião ao irmão porteiro era clara: nenhum pobre sem atendimento. Nenhum mendigo despachado sem uma ajuda. Assim queria Benedito que se vivesse o preceito de Jesus: "Deem de graça o que de graça receberam" (Mt 10,8).

Certa vez, ao distribuir pão aos pobres, o porteiro, Irmão Vito da Girgenti, percebeu que a fila ainda era grande, e que na cesta restavam apenas poucos pães, que davam exatamente para os membros do convento. Encerrou, então, a distribuição e despachou o resto dos pobres. O fato chegou ao conhecimento do Guardião, que intimou o bom porteiro a correr e chamar de volta os pobres que ficaram sem pão.

– "Dê aos pobres tudo o que estiver na cesta, disse Benedito, que a Providência divina achará um meio de socorrer-nos."

Os pães, naquele tempo, geralmente eram feitos em casa. Não havia essa facilidade que temos hoje de correr a uma padaria na esquina. Aqueles pães dados aos pobres eram, então, os últimos, até o cozinheiro ou padeiro do convento fazer mais. Por isso o irmão porteiro ficou meio espantado com a ordem recebida, mas obedeceu. Chamou os pobres e pôs-se a distribuir-lhes os pães restantes. Foi aí que percebeu que alguma coisa de extraordinário estava acontecendo ali. O pão da cesta não se acabava; quanto mais ele tirava, mais aparecia. Foi uma nova multiplicação de pães, como aquela de Jesus no deserto. Espanto e alegria encheram o coração do porteiro. Terminada a distribuição, outra maravilha: na cesta ficaram exatamente aqueles pães que ele havia reservado para a comunidade. Nenhum a mais nem a menos.

Não temos outros São Benedito, mas o exemplo dele, bem como de Santo Antônio, fazem que, anualmente, apareçam muitas almas caridosas que distribuem milhares de sacos de pães aos pobres, em memória do gesto desses santos.

·21·
MESTRE DE NOVIÇOS?

Noviciado é um tempo – geralmente um ano – de preparação para o ingresso numa Ordem ou Congregação. Noviços são os alunos que fazem o noviciado. O encarregado da instrução dos noviços é o Mestre. Compete a ele preparar seus alunos para a profissão religiosa e emissão dos votos religiosos de obediência, pobreza e castidade, e algum outro voto próprio de cada Ordem. Compete também ao Mestre fazer seus alunos conhecerem bem a história e os costumes da sua Ordem, e principalmente a finalidade do instituto.

Já se vê que é um cargo de bastante responsabilidade. Exige-se por isso que o Mestre seja um homem sábio e santo, porque ele é, antes de tudo, um preparador de religiosos, de pessoas que querem se ligar com Deus.

Fazemos essa introdução para informar os leitores que alguns historiadores afirmam que São Benedito foi Mestre de noviços. Se isso for verdade, foi também outra grande exceção que fizeram ao nosso Santo, porque nas Ordens clericais, isto é, onde há sacerdotes, o Mestre é sempre um sacerdote. As Atas de beatificação e canonização do Santo não tocam no assunto. Por isso estamos com aqueles historiadores que negam o fato. Achamos muito pouco provável a opinião contrária.

É certo que numa casa onde o Mestre é um e o Superior é outro, este terá ocasião de dizer alguma palavra aos noviços, fazer alguma conferência para eles na ausência do Mestre etc. Isto terá acontecido com Frei Benedito, que foi guardião e vice-superior.

A respeito de certo relacionamento de Frei Benedito com os noviços conta-se um fato interessante. Certa vez, três noviços resolveram voltar para a casa paterna, mas de um modo deselegante: fugindo. Em plena madrugada eles se mandaram. Já na rua, cantando vitória pela sua façanha, divisam um vulto que vinha ao encontro deles. Quem seria? Quando o vulto chegou mais perto eles reconheceram Frei Benedito, que foi logo interpelando os rapazes: "Que fazem aqui a estas horas? Voltem para o convento!" E com boas palavras o Santo aconselhou-os a rezar muito para a perseverança na vocação.

Meses depois aqueles fujões tornaram a cair na tentação de fugir. Só que dessa vez iriam tomar todos os cuidados possíveis para que ninguém mesmo ficasse sabendo. Na hora combinada, sempre de madrugada, no maior segredo, os três fujões novamente ganharam a rua. Mas não caminharam a distância de um quarteirão quando dão de frente com Frei Benedito, que abre os braços e diz: – "Alto lá! Aonde pensam que vão?" – "Mas não é possível" – exclamaram os rapazes! "É sinal que Deus nos quer frades mesmo." Pediram perdão ao Santo e lhe prometeram nunca mais tornar noutra.

Depois dessa dose dupla ficaram vacinados contra a tentação de abandonar a vocação religiosa. Perseveraram e se tornaram grandes discípulos de São Francisco, mestres na teologia e na pregação da palavra de Deus.

·22·
POÇO DE HUMILDADE

Temos muita admiração pelos arranha-céus e pelas altas árvores, mas muitas vezes nos esquecemos de que está bem escondida na terra a força que sustenta aquela grandeza: os alicerces do prédio e as raízes da árvore. Quanto mais alto o edifício, mais fundos os alicerces; quanto mais altas as árvores, mais profundas as raízes. Essa lei física se aplica ao edifício da santidade que Cristo nos mandou construir.

Santo Agostinho nos aconselha: "Deseja elevar-se?" Comece por abaixar-se. Sonha construir um edifício que se eleve até o céu? Assente primeiro os fundamentos sobre a humildade. Quanto mais elevada for a construção, mais profundos devem ser os alicerces.

São Bernardo define assim a humildade: "É a virtude pela qual o homem, pelo conhecimento de si mesmo, procura desprezar-se".

Mas poderia alguém argumentar: "Mas e se eu não achar em mim motivo para me desprezar?".

Pensar assim é, talvez, não compreender a fundo a grandeza de Deus e a pequenez da criatura, a santidade divina e a condição humana do homem. Por isso, assim rezava Santo Agostinho: "Senhor, que eu conheça vossa grandeza para vos louvar; que eu conheça a minha fraqueza para me desprezar".

VIDA DE SÃO BENEDITO

Quando Cristo ensinou a necessidade e o valor da humildade, muitos compreenderam, mas nem todos. Os que compreenderam e a praticaram chegaram a uma grande perfeição e, por isso, são chamados santos. Entre esses está São Benedito. Eis aqui um lance que nos fala da humildade do nosso Santo:

Certa vez, quando guardião do convento, Frei Benedito chamou severamente a atenção de um noviço por uma falta supostamente cometida por ele. Só que o moço era inocente. O Superior incorrera em lamentável engano. Descoberta a verdade, Benedito penitenciou-se publicamente. Foi ajoelhar-se diante do noviço e pediu-lhe perdão pela reprimenda injusta. Os dois se abraçaram e choraram juntos. O resultado espiritual foi bem maior que o erro. Todos na casa ficaram sumamente edificados. É num caso como esse que se aplicam aquelas palavras do apóstolo Paulo: "Para os que amam a Deus, tudo coopera para o bem". Até dos erros dos seus santos Deus tirou meios para melhorar o mundo.

·23·
DONS DIVINOS

Os chamados Sete Dons do Espírito Santo, Deus os distribui aos seus santos como quer, ou melhor, conforme a missão que ele vai entregar a cada um deles. Aos mártires, por exemplo, foram dados os dons da Ciência e da Fortaleza; a outros o dom do Conselho; a todos o dom do santo Temor de Deus.

Vamos definir três dons que luziram de maneira especial em São Benedito: Sabedoria, Entendimento e Conselho.

Sabedoria é um dom que nos faz conhecer Deus e as coisas divinas com grande profundidade e nos faz ter gosto pelas coisas de Deus.

Entendimento é um dom que dá aos que o possuem uma intuição profunda das verdades reveladas, com exceção dos mistérios que, se o dom não revela, ao menos abre caminho para que sejam facilmente aceitos.

Conselho. Esse dom nos faz escolher com rapidez e segurança o caminho mais certo e seguro, quando a dúvida nos assalta.

Creio que o divino Espírito Santo foi muito generoso com São Benedito na distribuição dos seus dons, principalmente com Sabedoria, Entendimento e Conselho.

VIDA DE SÃO BENEDITO

Benedito auxiliava na formação religiosa dos noviços, ministrando-lhes diariamente aulas de Sagrada Escritura. Quem assistisse a uma dessas suas exposições pensaria estar ouvindo um grande teólogo, e estava mesmo, mas não formado num grande seminário ou faculdade da época, mas diretamente pelo Espírito Santo que formou os Apóstolos.

Vários teólogos de renome, ouvindo falar naquele prodígio que acontecia no convento franciscano, vieram ver para crer. Voltaram para casa plenamente convencidos que os dons de Pentecostes continuavam vivos na Igreja.

Até um célebre teólogo de Palermo, o dominicano Frei Vicente Nagis, cheio de escrúpulos e enroscado com a interpretação de certa passagem da Escritura, veio uma vez consultar o sábio irmão franciscano.

Saindo ao seu encontro para recebê-lo, Frei Benedito mostrou-lhe que já sabia exatamente o que o trazia ali, o que deixou o dominicano maravilhado. Depois da conversa que tiveram, Frei Vicente voltou completamente curado dos seus escrúpulos e dizendo a todos: "Os franciscanos não têm somente um sábio, mas um santo também".

No professor de Bíblia vemos Benedito ornado dos dons divinos da sabedoria e do entendimento, e no seu encontro com o dominicano, vemos o Santo enriquecido de conselho e também de discernimento dos espíritos, pelo qual o Servo de Deus podia penetrar no fundo das almas.

·24·
O SANTO DAS GRANDES PROCISSÕES

Talvez o leitor conheça as festas de São Benedito no Vale do Paraíba. Quase todas as cidades daquela região a celebram. E mais que uma festa, é uma alegria incontida, uma aclamação popular ao Santo. A festa é feita na segunda-feira de Páscoa ou então na segunda-feira após a oitava da Páscoa.

É preciso participar de uma dessas procissões para sentirmos a popularidade de São Benedito. E se alguém disser que é uma festa de pretos estará redondamente enganado. Os brancos estão lá em grandes massas, com a mesma fé, na mesma alegria e com a mesma devoção dos pretos.

Mas é interessante saber que a primeira "procissão" em louvor de São Benedito aconteceu-lhe em vida, no terceiro ano de seu tempo de guardião. O Santo teve de viajar para participar de um Capítulo Geral da Ordem, realizado em Girgenti (Agrigento), no centro-sul da Sicília, em 1578. Esta cidade dista 135 quilômetros de Palermo. Ruínas famosíssimas, como o Templo da Concórdia, ainda atraem muitos turistas para lá.

Pois bem. A viagem de Frei Benedito a Girgenti foi um triunfo! Nem parecia que se estava no Século 16, sem nenhum dos meios de comunicação de hoje. Multidões e multidões se comprimiam à beira das estradas e nas entradas das cidades para ver o Santo passar. Aclamações alegres e ruidosas se ouviam por toda a parte. Todos queriam, por força, uma relíquia da sua batina.

Benedito soube dirigir para Deus aqueles louvores: "Só vós sois o Santo, só vós o Senhor, só vós o Altíssimo, Jesus Cristo!".

Mas uma coisa certamente o encabulava: Como poderia ter chegado até ali a fama do seu nome, se ele não passava de um pobre franciscano, enterrado no seu convento? Ele não iria atinar com a resposta mesmo. Nós, sim, sabemos responder. Muitos santos, já em vida, tiveram sua santidade reconhecida e glorificada pelo povo. Deus quis, assim, apontar aqueles que ele escolheu para a glória dos altares.

Ao chegar a Girgenti, Frei Benedito foi recepcionado como um herói pelo povo, que há muito ouvia falar da sua santidade e dos seus milagres. Jamais se ouviram ali tantas palmas e tantos vivas. Uma apoteose digna de ser vista. Foi assim que Deus quis exaltar seu Servo já em vida.

Do céu, contemplando as procissões que se fazem hoje em sua honra, São Benedito há de se lembrar da "procissão" de Girgenti.

Podemos acrescentar que dessa data em diante Frei Benedito tomou a resolução de viajar de preferência à noite, enquanto possível. E quando saía de dia, cobria sempre a cabeça com o capuz do hábito franciscano, para não ser reconhecido. Só não sei se o disfarce adiantava...

·25·
SANTO NÃO TEM DESCANSO

Os santos e santas não foram feitos para si: são seres para os outros. Exonerado de seus cargos de guardião e de vice-superior, talvez São Benedito tenha pensado: "Agora volto sossegado para minhas panelas e meu fogão". Se pensou, errou. Sua fama já ia muito longe para o deixarem sossegado no seu convento. "Tão grande caridade" – dizem seus biógrafos – "não podia ficar oculta no tranquilo seio de um convento quieto".

Não creio que, humanamente falando, o Santo ficasse contente com tantas visitas. Mas é possível também que o guardião tenha liberado Benedito para o atendimento ao povo, como uma forma de apostolado, e o tempo que lhe restava era, então, empregado nos trabalhos da cozinha.

O fato é que a portaria do convento vivia cheia de gente que procurava Benedito para tudo. Uns queriam conselhos; outros, uma bênção para sua saúde; aquele queria apenas conhecê-lo, mas outros exigiam milagres. Pessoas atingidas pelas mais variadas doenças vinham, cheias de esperança, buscar socorro junto do Santo. Muitos destes voltavam curados para suas casas. Muitos outros, angustiados, aflitos e desesperados, voltavam tranquilos, consolados e alegres por terem recuperado o rumo de suas vidas.

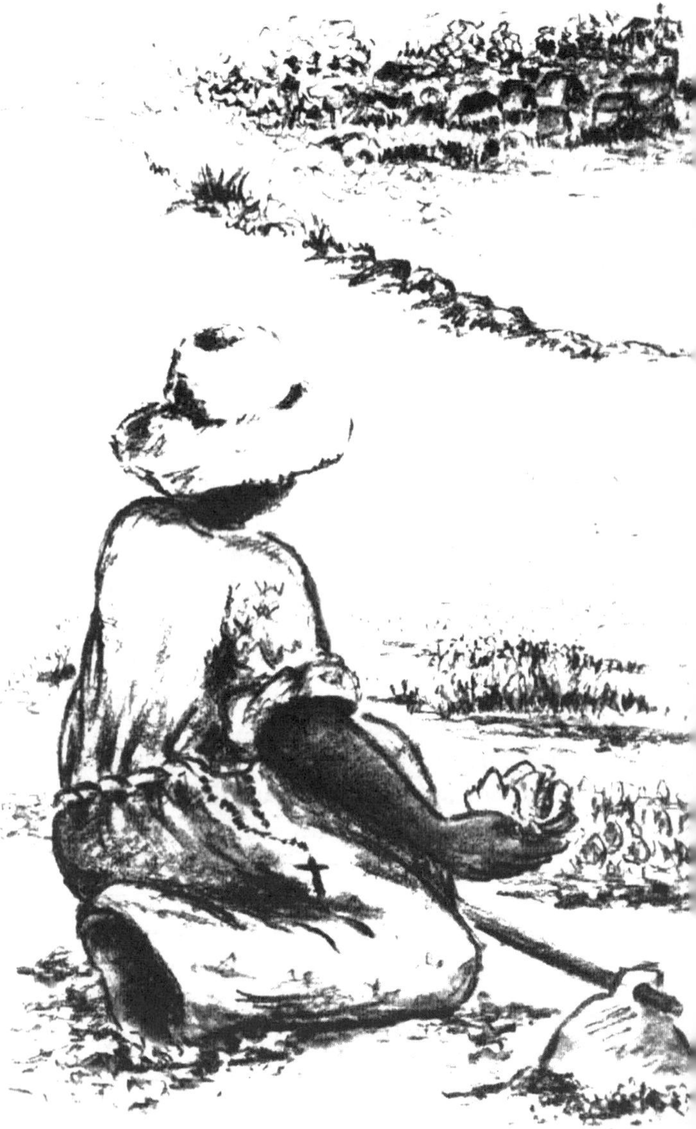

25 • SANTO NÃO TEM DESCANSO

Não era Benedito quem agia, era Deus que agia em Benedito. Lendo isso, nós brasileiros, devotos de berço, sentimos o coração cheio de esperança e de vontade de entrar nessa fila de misericórdia, que se dirige a São Benedito para buscar junto dele a graça de Deus. Atendamos, pois, aos apelos da nossa alma. Rezemos e imploremos já! Se as mãos divinas estavam com São Benedito enquanto vivo, muito mais estarão com ele agora no céu.

·26·
BENDITO ENTRE OS POBRES

No mundo sempre foi assim: muitos se servem dos pobres, poucos servem realmente os pobres. Entre estes últimos estava São Benedito. Ele serviu verdadeiramente os pobres, embora fosse um deles. Dar quando se tem muito é fácil, o difícil é dar quando nada se tem. Mas a caridade faz milagres. Cristo, embora pobre, enriqueceu a muitos. Desde o tempo dos Apóstolos, as esmolas na Igreja saíram mais dos bolsos dos pobres que dos ricos (2Cor 6,10; 9,11). Há ricos que fazem esmolas sim, mas são poucos. Eles gostam de fazer donativos, contribuições que engrandecem seus nomes ou os nomes de suas firmas. São altruístas, mas não são caridosos. Não é esse tipo de esmola que agrada a Deus e que se torna depósito rentável no céu. Por isso, o pouco que muitos pobres dão é mais que o muito que poucos ricos dão.

Nas horas de penúria e carestia, os pobres sabem correr aos conventos, na certeza de que, se lá houver um último pão, este será dividido com eles. Acorriam, pois, ao convento de Santa Maria de Jesus e nunca deixaram de ser atendidos. Ao lermos hoje *Populorum Progressio*, de Paulo VI, podemos pensar: "E os antigos? O que sabiam eles dos seus deveres para com os pobres?" Respondemos que, muito antes dessa corajosa encíclica, o Papa São Gregório Magno já havia escrito estas palavras: "Dar aos indigentes o que lhes é necessário é devolver o que lhes é devido e não é nosso".

Benedito, em primeiro lugar, era um autêntico franciscano, discípulo do "Pobrezinho" de Assis. Ao emitir solenemente seus votos, ele era outro Francisco prometendo seguir a Cristo pobre, obediente e casto. Essa promessa ele a renovava diariamente em seu coração. Era pobre, vivia pobre e amava os pobres. Sendo um deles, conhecia perfeitamente seus sofrimentos. Compadecia-se deles, mas ao mesmo tempo sabia consolá-los e infundir-lhes confiança: "Bem-aventurados vocês que são pobres, porque o Reino de Deus é de vocês. Bem-aventurados vocês que agora passam fome, porque serão saciados. Bem-aventurados vocês que choram, porque haverão de rir" (Lc 6,20-21).

No mundo sempre haverá pobres – disse Jesus –, para que sempre tenhamos a quem socorrer. No dia em que não houvesse mais pobres, ficaria difícil reconhecer o Cristo. Agora sim, nós o vemos e socorremos, na esperança viva de ouvi-lo, um dia, dizer-nos: "Tive fome e vocês me deram de comer".

Que fiquem os exemplos de São Benedito. Que apareçam imitadores de quem imitou Francisco, que imitou Jesus.

·27·
PRODÍGIOS

Benedito se escondia para evitar os aplausos dos homens, mas o que ele não conseguia esconder eram os dons de Deus, porque eles se manifestavam quando Deus queria, e não segundo planejamentos humanos.

Certa vez trouxeram ao convento uma criancinha morta. Muitos teriam dito: "Não adianta; já morreu". Não assim os pais da criança que, na sua aflição, pensavam como o Jairo do Evangelho de Mateus, que veio a Jesus e lhe disse: "Minha filha acaba de morrer; mas venha impor sua mão sobre ela e ela viverá" (Ml 9,18).

Enternecido, Benedito tomou aquele corpinho inanimado no seu braço esquerdo e com a mão direita fez o sinal da cruz naquela testinha fria. Em seguida, convidou todos os presentes a rezar um Pai-Nosso e uma Ave-Maria. Bastou isso e o milagre se realizou. Deus teve misericórdia daqueles pais e de outros familiares, do mesmo modo como Jesus teve misericórdia de Jairo e de sua família. "Eu vim para que todos tenham vida e a tenham em abundância." Não foi assim que disse Jesus?

Para crermos nessa vida tão abundante que ele nos trouxe, Jesus a comparou com uma fonte de água jorrando nos corações. Não fosse clara essa comparação, Deus chega aos milagres na vida dos santos e santas. Assim, vendo com nossos olhos as maravilhas da graça, somos obrigados a imitar os exemplos dos santos, deixando-nos banhar e afogar nas águas abundantes que jorram do Coração de Jesus.

Talvez estivéssemos mais certos se colocássemos a ressurreição dessa criança como início dos sinais e prodígios que Deus realizou pelas mãos de seu servo Benedito. Isso porque há autores que colocam o fato quando o Santo ainda estava arando a terra, antes de ir para o eremitério de Frei Lanza. – Ou lá teria sido um fato semelhante? Não se sabe. Na eternidade São Benedito nos desvendará o mistério.

Quanto ao costume de recolher o lixo na barra do seu hábito, eu o teria reprovado, mas, pelo que se sabe, Deus não reprovou, concedendo ao nosso Santo o mesmo favor que concedeu anteriormente à Rainha Santa Isabel (1271-1336), quando, levando ela alimentos aos pobres na barra do seu manto, e o rei avarento, seu marido, querendo saber o que ela levava, a santa abriu o manto e ali havia uma braçada de flores. Assim Benedito, levando certa vez o lixo recolhido na barra da sua batina, encontrou-se de supetão com o vice-rei da Sicília, Dom Marcantonio Colonna, que vinha visitá-lo. O visitante ilustre mostrou-se curioso e perguntou a Benedito o que levava com tanto cuidado na barra do hábito. Este simplesmente abriu a barra do hábito e mostrou... flores. Eram flores frescas e perfumadas, que devem ter ido parar, depois, na capela doméstica.

Só não sabemos como é que ficaram sabendo do milagre, para poderem contá-lo para nós.

·28·
PALAVRAS INEFÁVEIS QUE NÃO PODEM SER REPETIDAS (2Cor 12,4)

São Bernardo chamava sua cela ou quarto de céu: "Cela mea, coelum meum". O mesmo poderia Benedito dizer de sua cozinha. Toda a força espiritual conseguida na oração da noite e da madrugada se convertia em trabalho feito com toda a dedicação e amor.

Já consideramos que, embora exercendo cargos importantes no convento, Frei Benedito jamais perdeu o contato com a cozinha, a enxada da horta ou a vassoura da limpeza. Não tem fim nossa admiração por esse lado tão humano de santos e santas, cujos nomes assombraram os séculos. Como eles souberam dignificar o trabalho! Ora contemplamos uma santa Teresa de Jesus fiando no seu tearzinho barulhento, enquanto recebia no locutório do Carmelo a nobreza da Espanha. Daí a pouco estava ela escrevendo livros que desafiam os mais sábios teólogos. Ora admiramos o apóstolo São Paulo trabalhando de tecelão e fabricante de tendas, e depois escrevendo aquelas portentosas Cartas. No entanto ainda existem aqueles e aquelas que preferem ter um batalhão de empregados, mas eles mesmos, principalmente elas, nada fazem, senão sassaricar o dia inteiro, vendendo vaidades...

Quem trabalha o dia todo come feliz o pão ganho com seu suor e está cumprindo uma lei divina. "Quem não trabalha também não coma", diz São Paulo.

Os dias de São Benedito eram tão cheios de trabalho, que à noite ele estava simplesmente exausto. Mas tinha lá suas compensações: recebia à noite o seu salário. Quem vivia o dia todo para a glória de Deus e da Virgem Maria tinha, à noite, Deus e a Virgem Maria como paga. Celestes visões, doces visões espirituais povoavam seu descanso e enchiam-no de consolações. Se para os outros o sono é imagem da morte, para São Benedito o sono era imagem do céu!

Os santos são representados, nas suas imagens, com algum objeto ou animal referentes à sua vida. Os artistas preferem representar São Benedito com o Menino Jesus nos braços, lembrando seus doces colóquios nas visões celestes. Quem quiser receber a mesma graça segure primeiro, com muito amor, seus instrumentos de trabalho. Depois sim, Deus virá para seus braços. "Per aspera ad astra": pelas asperezas da vida chegaremos aos astros.

·29·
O SANTO QUE SE FEZ NAS VIRTUDES

"As virtudes são entre si solidárias", escreveu Dom Francisco de Paula e Silva. Isso significa que ninguém pode ter uma determinada virtude, em alto grau, sem ter as outras.

Paulo, o apóstolo, ensina que a maior das virtudes é a caridade. Mas ninguém terá uma caridade ardente sem uma fé e uma esperança igualmente grandes. Não alcançará um aumento substancial nas virtudes teologais sem uma grande humildade mais a prática das virtudes cardinais e morais. Nenhum religioso viverá seus votos de castidade, pobreza e obediência, de modo agradável a Deus, sem as virtudes anteriormente aduzidas, juntamente com muita oração e especial devoção a Nossa Senhora.

Lembro-me de que, nas minhas leituras espirituais no tempo de jovem, o que mais eu apreciava eram os capítulos que tratavam dos milagres. Hoje, os biógrafos dos santos têm vergonha de falar dos seus milagres, como se tudo fossem lendas. Mas, então, por que ainda hoje a Igreja exige milagres para a beatificação e canonização dos santos? Os prodígios realizados por Deus na vida dos seus servos são uma demonstração de como Deus aprovava seus atos.

VIDA DE SÃO BENEDITO

Sabemos que não são os milagres que fazem os santos, mas seu esforço na prática das virtudes. Esse esforço, em São Benedito, nós vimos encontrando desde a primeira página deste livro despretensioso.

Sua humildade no lar paterno, sua paciência na pobreza e no trabalho, sua obediência à voz de Deus, as penitências na vida eremítica, seu espírito de oração e sua caridade nunca desmentida agradaram a Deus, que fez dele o depositário dos seus dons mais extraordinários.

Mais tarde, com sua vinda para Santa Maria de Jesus, em Palermo, brilha com intenso fulgor a vida do religioso franciscano. Vê-se ali Benedito vivendo diariamente seus votos com a maior perfeição possível.

Não poderíamos afirmar em qual dos votos Benedito mais brilhou, mas, sem dúvida, a pobreza foi a virtude que ele mais amou.

Escreve o Padre Benedito Nicolisi: "Não será exagero afirmar que a fama de santidade de Frei Benedito, quando ainda vivo, foi tão grande e universal que raramente se encontra coisa semelhante em toda a História da Igreja". Padre Nicolisi escreve muito bem: "Fama de santidade, e não fama de milagroso".

Voltando às virtudes de Benedito, eis aqui algumas apreciações do próprio Santo ou dos seus contemporâneos:

– "Perfeito imitador de seu pai, São Francisco, usava um hábito velho, remendado e pobre, com uma corda à cintura e pés descalços" – escreve um biógrafo, que anotou também estas palavras do Santo: "A pobreza me é querida demais!".

29 • O SANTO QUE SE FEZ NAS VIRTUDES

Quanto ao voto de obediência, esse era o princípio que guiava o nosso Santo: "Um religioso nada deve fazer sem a obediência aos seus superiores". E esse é o testemunho de quem o conheceu bem, o Padre Michele de Girgenti: "Frei Benedito jamais fez alguma coisa contrária à virtude da obediência".

Finalmente, falando da sua pureza, há este testemunho: "Na presença dele todos tinham a impressão de estar diante de um anjo".

Em 1652, quando declarado padroeiro de Palermo, foi aclamado como "Templo da virgindade e do Espírito Santo". Disso não temos a menor dúvida: Benedito foi um lindo e luminoso templo do Espírito Santo durante toda a vida.

Deus fez questão de revelar a luminosidade deste Templo num episódio que ficou registrado na história.

·30·
OS JUSTOS BRILHARÃO

> "Os que tiverem ensinado a muitos o caminho da justiça serão como estrelas para sempre, eternamente." (Dn 12,3)

A promessa divina é linda e consoladora. Os justos, que ensinaram a justiça, brilharão como sóis por toda a eternidade.

As luzes no Templo de Deus, que era Benedito, eram tão intensas que atravessavam suas carnes. O Santo se tornou fosforescente. Quem conta é novamente o Padre Michele: "Os olhos de São Benedito estavam sempre brilhando quando rezava. O Santo ficava todo envolto numa luz celestial, de grande esplendor. Era coisa maravilhosa!".

Outra testemunha, do próprio convento, conta: ao entrar certa noite na igreja para rezar, vi num canto uma claridade que me chamou atenção. O que seria? Não havia candeeiro nem vela acesa. Contudo, alguma coisa brilhava. Cheguei mais perto e reconheci: era Frei Benedito, de joelhos, rodeado de luzes.

Diz o Concílio Vaticano II que é seu desejo fazer brilhar na face de todos os homens aquela luz de Cristo, que resplandece na face da Igreja (*LG* 1).

Tomemos essas palavras ao pé da letra e encontraremos resposta para certos fenômenos que se davam com São Benedito. Como o sol ilumina os planetas e seus satélites, assim a luz de Cristo brilha nos santos e nos seus devotos, que se esforçam para lhe imitar os exemplos.

Que dádiva de Deus poder conviver com um santo! Isso vale muito mais do que conviver com os sábios e artistas, que apenas tratam das coisas deste mundo. Os santos são caminho de Deus, caminho do céu. Caminhos nem sempre planos e floridos, mas caminhos de salvação.

·31·
OS AMORES DE SÃO BENEDITO

Nem imagine o leitor que vamos falar em amores profanos, mesmo porque nosso Santo não os teve, mas daqueles amores que ocupam o centro dos corações dos santos e santas: a Eucaristia e Nossa Senhora.

Por serem dois temas de suma importância na vida da Igreja e de cada cristão, principalmente dos católicos, gostaríamos de expor o pouco que a história conseguiu recolher sobre o relacionamento de Benedito com o Santíssimo Sacramento e com a Virgem Maria, Mãe de Deus.

A) SÃO BENEDITO E A EUCARISTIA

Porque nosso Santo não foi sacerdote, nem diácono, falou menos e agiu mais. Seus atos falaram mais alto. Mesmo os outros santos, não os julgamos pelo que disseram, mas sim pelo que fizeram. Porque fizeram, cremos no que disseram.

Benedito não celebrou missa, não pregou sobre Eucaristia, nem sequer levou comunhão aos doentes, como fazem hoje os ministros da Eucaristia.

Terá comungado no máximo uma vez por semana, segundo o costume da época. Sabemos isso de um exemplo semelhante na vida de sua contemporânea, a doutora da Igreja Santa Teresa de Ávila. Quando, certa vez, essa santa arrumou licença para comungar mais de uma vez por semana, suas colegas reclamaram: "E nós?" E a santa, imediatamente, cortou sua "mordomia".

O medo de se banalizar a comunhão eucarística e deixá-la cair na rotina fez com que o número de comunhões para cada cristão fosse assim reduzido. Santa Teresa faleceu em 1582, sete anos antes de São Benedito.

Mas quem não celebrou nem podia comungar diariamente ajudava a missa todos os dias, dos seus confrades sacerdotes e de outros padres que se hospedavam em Santa Maria de Jesus. No ofício de acólito ou coroinha Benedito encontrava suas delícias. Vejamos estas palavras do Padre Inácio de Siracusa, que formam um belo testemunho da devoção eucarística de São Benedito: "Frequentei, diz ele – durante cinco meses –, a igreja de Santa Maria de Jesus e vi muitas vezes o santo Frei Benedito participando da missa. Sua devoção e piedade chamavam atenção de todos. Imóvel e com os olhos fixos no altar, parecia ver a realidade contida na Eucaristia, o próprio Jesus".

Ficar em êxtase perante o Santíssimo não foi só naquela célebre procissão de Corpus Christi, que acabou mais cedo. Muitas vezes, ao entrarem, de madrugada, na capela do convento para rezar Matinas e Laudes, seus confrades encontravam Frei Benedito em êxtase, lá perto do altar.

31 • OS AMORES DE SÃO BENEDITO

Temos certeza absoluta de que a Eucaristia era o céu de Benedito aqui na terra. E, da contemplação do "Mistério da Fé", Deus o fazia elevar-se às alturas da união mística, que por vezes se manifesta na forma de êxtase.

B) SÃO BENEDITO E NOSSA SENHORA

O apóstolo Paulo diz que o amor de Deus foi derramado em nossos corações pelo Espírito Santo que nos foi dado. Nós o plagiamos, dizendo que o amor a Maria foi derramado em nossos corações pelo seu Filho, que nos foi dado. Deus criou Maria para ser amada e para todos sentirem que têm uma mãe.

Benedito amou muito a Mãe do céu, e a recíproca foi verdadeira. Ela alcançava-lhe tudo o que ele pedia por intermédio dela. Diria que o amor de Benedito à Mãe de Deus foi tão grande que ele tudo fazia pensando nela, por amor a ela e para a glória dela.

Quando aconteceu o acidente que vitimou aquela criança, filha de João Jorge Russo, Benedito disse a todos os presentes: "Tenham confiança em Nossa Senhora, a Mãe de Deus. Vamos rezar".

Perguntado por que fugia e se escondia quando Deus lhe concedia operar algum prodígio, respondeu: "Não passo de um pobre pecador. É Nossa Senhora quem cura; só a ela e a Deus devemos agradecer e glorificar".

A todos os que vinham pedir-lhe a cura de alguma enfermidade, Benedito dizia a mesma coisa: "Tenham muita fé e confiança em Nossa Senhora. Nosso Senhor vai ouvir o seu pedido".

Muitas vezes, retirou-se para rezar o rosário, antes de pedir a Deus um milagre. Oração de São Benedito, com o rosário na mão, era oração infalível. E assim o Santo, pelo seu exemplo, difundiu a devoção ao rosário.

E nós pretendemos ser devotos de São Benedito sem o sermos de Nossa Senhora e de seu bendito rosário?

·32·
VOSSOS FILHOS E FILHAS PROFETIZARÃO (Jl 2,28; At 2,17)

O profeta Joel havia predito que em Pentecostes o Espírito Santo haveria de distribuir, com abundância, o dom da profecia, e isso, diz o autor dos Atos, realmente aconteceu. Não estamos falando do dom da pregação, mas do conhecimento do futuro.

Esse dom Deus o deu também ao seu servo Benedito, que soube fazer muito bom uso dele.

O espanhol Antônio Vignes, residente em Palermo, comerciante e atacadista, estava esperando um navio com mercadorias compradas longe. Só que já se passavam mais de quarenta dias e nenhuma notícia do abençoado navio. O comerciante começou a ficar nervoso. Será que fora atacado por piratas?

Antônio veio conversar com seu amigo, Frei Benedito, que o tranquilizou dizendo:

– Pode ficar sossegado. Seu navio chegará são e salvo. Mais alguns dias, chegou o esperado navio, que ficara retido na Sardenha, por falta de ventos favoráveis que enfunassem suas velas.

Muito grato a Frei Benedito, o espanhol apanhou boa quantidade de peixes secos e levou para o amigo e seus confrades. Embora sem ter sido avisado,

VIDA DE SÃO BENEDITO

Benedito pediu para que não tocassem a sineta para o almoço enquanto os peixes não chegassem. Uma hora depois, estava lá o espanhol.

Em 1578, Benedito foi à casa do prefeito de Palermo, Dom Vicenzo Platamone, dar uma bênção para sua esposa, encrencada num parto e desenganada pelos médicos.

O prefeito, chorando desesperadamente, implorou a Frei Benedito que a socorresse.

– Vou à capela rezar o rosário, disse Benedito, e antes de eu terminá-lo sua esposa dará à luz um lindo menino, que será um dia um grande sacerdote religioso.

Tudo aconteceu conforme o predito, mesmo à revelia da família, que queria ver o filho formado advogado. Até aí o moço obedeceu à família. Formou-se em Direito, mas logo depois entrou para a Companhia de Jesus, onde se tornou famoso sacerdote jesuíta.

Se Benedito dissesse a um doente ou a uma pessoa da família dele que seria preciso ter paciência e conformidade com a vontade de Deus, é porque não havia esperança de cura. Mas se ele dissesse que o doente iria sarar, sarava mesmo.

Citamos aqui esses fatos, como poderíamos ter citado uma dúzia de outros, que nos falam do dom da profecia com o qual Deus ornou seu Servo.

Se o leitor procurar conhecer as biografias dos santos, verá que Deus distribuiu com largueza o dom da profecia na sua Igreja.

Profecia, como previsão certa do futuro, foi, para os santos, mais um atestado que Deus lhes deu de aprovação de suas vidas e de seus atos, para que pudessem ser imitados por muitos e muitos outros.

·33·
CONSOLADOR DAS MÃES

Não poderíamos deixar de escrever um capítulo sobre o relacionamento de Benedito com as mães. Se por trás dos grandes homens há sempre uma grande mulher, por trás dos grandes santos encontraremos grandes santas, que foram suas mães. Benedito sentiu o amor, viu os sobressaltos do coração de sua mãe. Conheceu de perto os sofrimentos dela, bem como os de muitas outras mães. É por isso que ele teve muito respeito e um carinho especial com as mães que o procuravam.

Creio que, quando Jesus disse aos seus Apóstolos: "Deixem vir a mim as criancinhas e não as impeçam", não disse isso exclusivamente por causa das crianças, mas também por causa das mães, desesperadas por verem seus filhinhos abençoados pelo Mestre.

Uma dessas mães, moradora de Palermo, chamava-se Joana de Giovanni. Seu filho ausentou-se de casa e não dava notícias durante meses e meses. Desesperada, Joana recorreu a Benedito. Este, logo que a viu, foi dizendo: – Quer notícias do filho, não é mesmo, Dona Joana? Pois logo as terá.

E assim aconteceu. Dias depois o rapaz voltou para a casa paterna, são e salvo.

Uma outra, acabrunhada por tentações que lhe tiravam a paz, foi pedir conselhos a Frei Benedito. Vejam a resposta do Santo: "Quanto eu saiba, só Nossa Senhora não foi tentada neste mundo". A resposta do Santo tranquilizou aquela senhora e uma grande paz desceu em sua alma.

Visitava as mães em vésperas de parto, animava-as, enchia seus corações de esperança e, para muitas delas, profetizou o futuro grandioso dos seus filhos.

Por duas vezes, em caso de acidentes com morte nas carroças de transporte daquele tempo, recorreu a Deus, que o atendeu com milagres.

Certa vez, quatro senhoras de Palermo, Eulália, Lucrécia, Francesca e Eleonora, esta com uma criancinha de cinco meses nos braços, foram visitar o Santo. Na volta, ainda perto do convento, a carroça virou e amassou o nenê, que morreu. Os frades, inclusive Benedito, vieram socorrer as mulheres e encontraram aquele triste espetáculo, Eleonora, em prantos, abraçada ao corpinho morto do filho.

Benedito achegou-se a ela e disse: "Pode parar de chorar. A criança não está morta; pode dar-lhe de mamar". Os presentes pensaram que Frei Benedito estivesse fora de si, mas não, ele sabia o que dizia.

Mal a mãe levou a mão ao seio, naquele gesto tão materno de amamentar, olhando para o rostinho da criança, viu nele um belo sorriso. Tudo terminou em grande alegria e num ato de fé em Deus, ali presente, naquele sinal divino.

Por fim, completando o capítulo, lembro-me de um fato extraordinário que Deus realizou em favor

33 • CONSOLADOR DAS MÃES

de uma criança, filha de João Jorge Russo e de sua esposa. Foram eles, com mais alguns parentes, em visita ao convento dos franciscanos. Já perto, a carroça caiu de uma ponte e a criança ficou esmagada. Os frades correram todos para socorrer os feridos, e Frei Benedito, tomando em seus braços o corpinho inerte da criança, disse:

– "Tenham muita confiança em Nossa Senhora. Vamos rezar".

Todos obedeceram à ordem do Santo. Ajoelharam-se e rezaram. Nisso, a criança abriu os olhinhos, como que saindo de um belo sono. Sim: saiu do sono da morte. Ressuscitou.

Querem as mães um padroeiro mais simpático que São Benedito? Mas como as mães são muitas e seus problemas mais ainda, elas têm vários padroeiros. Nós lhes apontamos, além de São Benedito, também São Geraldo e Santa Rita.

·34·
BENDITOS OS QUE ESPERAM VIGILANTES (Lc 12,37)

A perseverança é a pedra de toque da santidade. Quem não viveu, quem não sofreu com perseverança na fé, ainda não provou o que é.

Nos dias de sua Paixão, Jesus dirigiu aos seus Apóstolos este lindo elogio: "Vocês estiveram sempre junto a mim nas minhas provações" (Lc 22,28). "O homem foi feito para o amor – escreveu Michel Quoist – e só cresce no amor". A perseverança é a prova do amor. Cada dia, cada momento da vida de São Benedito foi vivido no amor. Cresceu no amor como crescem as árvores plantadas à beira d'água. Essas águas misericordiosas de Deus foram abundantes na vida de São Benedito e ele nunca deixou de beber delas. Então, é o próprio Espírito Santo quem nos faz concluir por um alto juízo sobre a santidade de Benedito, apoiando-nos nestas palavras reveladas: "O homem justo crescerá como a palmeira e florescerá como o cedro do Líbano plantado na casa do Senhor. Mesmo na velhice dará frutos cheios de seiva e verdejantes" (Sl 91).

Benedito viveu pouco para os moldes de hoje. Apenas 63 anos. Para quem desejava o céu, como ele, foi uma longa espera. Nunca foi de se poupar,

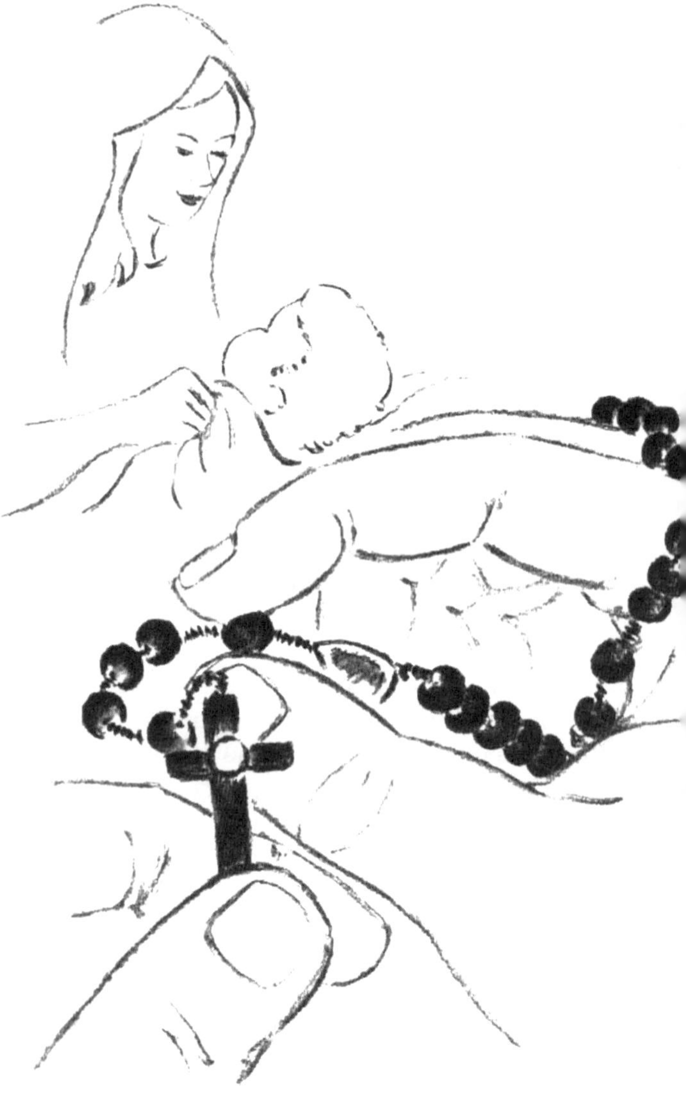

porque poupar-se em demasia pode até aumentar os anos, mas diminui os merecimentos. Desgastar-se por amor de Deus e dos irmãos é contribuir com bom preço para o Reino de Deus. É assim que diz o Evangelho: "Quem ama sua vida, irá perdê-la, e quem aborrece sua vida, irá conservá-la para a vida eterna" (Jo 12,25).

Seus dias foram cheios. No campo, na lavoura, no eremitério de Frei Lanza ou no convento de Santa Maria de Jesus sua vida foi trabalho, trabalho e mais trabalho. "A vida do homem sobre a terra é uma luta." A divisa de Jó foi também o programa de vida para Benedito. Jamais conheceu perdas pelas quais tivesse de se arrepender. Era o servo fiel e prudente, e, com isso, atingiu enorme santidade e Deus alcançou grande glória.

·35·
FIM DO CAMINHO

"**P**reciosa é, aos olhos do Senhor, a morte dos seus santos" (Sl 115,15). Por que é preciosa? Porque Deus tem pressa de premiá-los com a felicidade infinda do céu. Contudo Deus dá a cada um a vida que lhe estava prevista desde toda a eternidade, porque cada um tem de cumprir a missão para a qual Deus o criou. "Quero que onde eu estiver, vocês estejam também", disse Jesus aos seus discípulos. Se há alguma coisa que diminuiu a vida dos santos, não foram as penitências que fizeram, mas o veemente desejo do céu, que lhes incendiava as almas. Desejavam morrer para estarem com Cristo. Desde que o apóstolo Paulo manifestou esse sentimento, a moda pegou (Fl 1,23). Basta ler a vida dos santos para percebermos que a maioria deles suspirava pela morte, que os separava do abraço de Deus.

Assim foi também com São Benedito. Percebendo que seu fim se aproximava, exultou de alegria, diz seu biógrafo Frei Diogo do Rosário. "Não é pouco habitar em mosteiros ou em comunidades, ali viver sem queixas e perseverar fielmente até a morte", diz o autor da Imitação de Cristo.

Com o corpo alquebrado pelos trabalhos e sofrimentos da vida, aos 63 anos, Benedito se achava no fim do seu caminho. A doença aproveitou a brecha e começou a minar-lhe as últimas forças. Aliás, com todos é assim: tudo no mundo nos fere a cada tique-taque do relógio, até que a última ferida nos mata.

Benedito percebia tudo. Percebia e se alegrava, porque via Cristo esperando-o atrás da porta. A mesma fé, a mesma esperança, que inundavam o coração do apóstolo Paulo, inundavam também a alma de Benedito, que podia repetir: "Combati um bom combate, terminei minha carreira, guardei minha fé" (2Tm 4,7).

Em fevereiro de 1589 caiu de cama. Tinha certeza de que se tratava do seu fim e justamente por isso se alegrou. Doença relativamente rápida: dois meses. Mas serviu para dar os últimos retoques na sua santidade, provando-o na paciência e na humildade.

Procurava aborrecer o mínimo possível o enfermeiro que o acudia. Tudo para ele estava bom, de nada reclamava. De um doente assim até dava gosto cuidar. A contemplação de um céu que já estava tão perto amenizava muito as dores do Servo de Deus.

Sabendo que os últimos conselhos de um pai, de um religioso ou de um amigo se gravam indelevelmente na memória dos que o assistem, Benedito, do seu leito de morte, fazia o seu apostolado. Suas palavras sobre o arrependimento e a conversão eram quentes como estas da Imitação: "Miserável serás... se não te converteres a Deus. Por que queres dei-

35 • FIM DO CAMINHO

xar para depois teus bons propósitos? Levanta-te e começa neste instante. Agora é tempo de te emendares" *(L. 1.* Cap. 22). Ou, então, outros pensamentos profundos como estes: "O que nos adianta viver muito, quando tão pouco nos emendamos?" Façamos penitência – dizia o Santo –, porque na hora da morte haveremos de arrepender-nos muito pelo tempo desperdiçado no pecado ou não aproveitado para a salvação.

·36·
COM UM PÉ NA ETERNIDADE

O leitor está percebendo que o jogo está no fim. O jogo que todo mortal trava contra a morte e que sempre acaba perdendo. Para um cristão, e ainda mais para um franciscano, não é perda, pois "é morrendo que se vive para a vida eterna".

Deus encheu seu amigo Benedito de consolações espirituais nos dias que antecederam sua morte. Certa vez, estando o enfermeiro vigilante, percebeu, em dado momento, que o rosto do doente se iluminou. A boca se abriu e os olhos ficaram fixos e extáticos. – "É o fim – pensou o enfermeiro –, Frei Benedito está cruzando o limiar da eternidade." E saiu correndo para chamar a comunidade para vir rezar as últimas orações que se fazem para os agonizantes. Mas ainda não era a morte. A comunidade ficou sabendo depois que Benedito tivera uma visita do céu, alguma coisa parecida com aquela descrição do apóstolo Paulo: "Conheço um homem que foi arrebatado ao Paraíso e ouviu palavras inefáveis que ele não pode repetir" *(*2Cor 12,4).

Benedito voltou a si da visão celeste que teve e disse ao enfermeiro: "Pode ficar tranquilo que eu o avisarei do dia e da hora da minha morte". Depois lhe disse claramente: "Vou falecer no dia 4 de abril". O enfermeiro retrucou-lhe: "Imagine, Frei Benedito, como esta casa irá ficar cheia!" Isso ele dizia prevendo o transtorno que haveria no convento, com o povão que viria para o velório.

– "Pode ficar sossegado, garantiu-lhe o Santo – não virá ninguém."

As duas profecias se cumpriram. Benedito faleceu a 4 de abril e pouca gente compareceu ao velório. Como foi possível essa ausência? A explicação dada pelos historiadores não convence muito: "Andavam os moradores de Palermo em festa nesse dia e por isso ninguém veio ao convento".

Que festa seria esta? Era uma popular festa do Divino, numa igreja do Espírito Santo, nos arredores de Palermo. Talvez o pároco e outros sacerdotes da cidade tenham dado preferência à festa e por isso se calaram sobre a morte de Frei Benedito. Ou, talvez, os próprios franciscanos não quiseram fazer muita notícia da morte do Santo, porque senão seria um Deus nos acuda de gente, dificultando as exéquias. Três dias de velório não seriam suficientes para matar a curiosidade do povo devoto, e Frei Benedito havia pedido para ser sepultado logo. Talvez o Santo previsse problemas... Seja qual for a explicação, o que interessa ao biógrafo é mostrar que a profecia do Santo se cumpriu.

·37·
BENDITA MORTE

> "Entre cantos e danças foi recebido Benedito no Reino do céu."
>
> *(Congada)*

Morte de Santo, festa no céu. A morte de São Benedito foi realmente linda porque ele se preparou para morrer. Sua vida inteira foi uma preparação para a morte. Por isso podemos dizer com certeza que sua morte foi o sono do justo. Naquele dia 4 de abril, o Santo teve o prazer e a felicidade de receber todo o consolo a que tinha direito da parte da Igreja: confissão, comunhão (viático), unção dos enfermos, últimas orações, inclusive a "bênção papal", que os sacerdotes têm delegação para dar aos agonizantes.

Benedito assentou-se na cama e, olhando para o céu, rezava e contemplava. Invocava seus santos padroeiros: São Francisco, São Miguel, São Pedro e São Paulo e Santa Úrsula. Esta última foi uma religiosa martirizada com várias companheiras, no século IV. Suas relíquias estão em Colônia, na Alemanha.

A certa altura das suas orações, e depois de uma visão que teve de Santa Úrsula, Benedito rezou em voz alta: "Em vossas mãos, Senhor, entrego o meu espírito", oração que se rezava diariamente no Ofício da noite, chamado Completório. Dizendo isso, ele deitou-se, fechou os olhos e deu o último suspiro. Tudo na mais santa e doce paz.

Dos seus 63 anos, quarenta e dois foram vividos exclusivamente para Deus. Religioso professo durante 37 anos mais ou menos. Era terça-feira da Páscoa. Benedito, que viveu sempre em espírito de Páscoa, porque sempre na graça de Deus, mas que, naquele ano não pudera participar das festas e alegrias do domingo de Páscoa, foi celebrar essas alegrias no céu. Foi lá participar daquela enorme procissão, onde todos estão vestidos de branco, como a sua Irmandade hoje, porque lavaram suas túnicas no sangue do Cordeiro (Ap 7,14).

Os sinais de santidade que envolveram seus últimos instantes, como a paz, a alegria, o brilho do rosto, uma fé que nunca vacilou, tudo isso junto deu aos seus confrades aquela certeza da morte de um santo.

Escreveu Zeno Reoh que a morte não é o término, mas o acabamento ou plenitude de uma vida. Diante dos sinais acontecidos na morte de São Benedito, quem duvida de que ele tenha levado à plenitude a tarefa que Deus lhe confiou nesta vida?

São Gregório Magno, Papa, contou-nos que São Bento viu a alma de sua irmã Escolástica penetrar no céu, na forma de pomba. A mesma graça teve uma sobrinha do nosso querido Santo, Benedita Nastasi, de dez anos. Estando ela observando uma pombinha que entrou dentro de casa, ouviu a voz do tio:

37 • BENDITA MORTE

– "Benedita: quer alguma coisa de lá?"
– "De lá, onde, meu tio?", retrucou a menina.
– "Lá do céu", completou a conhecida voz. E a pombinha desapareceu. Quem tiver uma alma simples e desimpedida como a do Papa São Gregório verá com a mesma simpatia as pombinhas mensageiras de Santa Escolástica e de São Bento, embora nada disso seja de fé, a não ser humana.

·38·
O SEPULTAMENTO

Não sabemos quantas horas o corpo de São Benedito foi velado. Mas não foram senão poucas horas. O corpo foi levado para a igreja do convento, onde a comunidade cantou o Ofício dos Defuntos e logo depois o sepultaram no cemiterinho do convento. Túmulo pobre como convinha a franciscano pobre.

Quando o povo ficou sabendo que o Santo havia falecido e já estava sepultado, deixou-se invadir por grande tristeza. Todos se dirigiam para o convento franciscano, a três quilômetros de Palermo. Queriam ver e rezar no túmulo de Frei Benedito. Depois começaram a implorar relíquias dele. Suas roupas, as roupas da cama onde faleceu foram reduzidas a tiras, que cada um levou com muita satisfação. Até sua cama e colchão foram feitos em pedacinhos, que eram avidamente disputados pelos visitantes. Se não for exagero, dizem que até as roupas dos enfermeiros que cuidavam de Benedito viraram relíquias. É como diz o povo: "Mais vale a fé que o pau da barca"...

Até agosto, quatro meses após a morte do Santo, muita gente chegava diariamente à Santa Maria de Jesus, pedindo para visitar a sepultura do Servo de Deus, Benedito de São Filadelfo ou, se quiserem, de San Fratello. Aquele convento foi se tornando um santuário. Santuário do humilde Benedito, o Preto, filho de escravos, de início desconhecido como todos os pobres, até que, incandescente de santidade, se tornou uma luz para todo o mundo.

No passado se explorou muito aquele "sic transit glória mundi" – assim passa a glória do mundo – que se dizia quando morria algum graudão. E assim é. A glória do "mundo" termina na sepultura, mas a glória dos santos começa na sepultura.

Falando da devoção aos santos, disse o Concílio Vaticano II:

> "Convém que amemos esses amigos e coerdeiro de Jesus Cristo, irmãos e grandes benfeitores nossos; convém que os invoquemos e recorramos às suas orações, para alcançarmos de Deus as graças que Cristo nos mereceu como único Redentor e Salvador" (LG 50).

·39·
O CAMINHO DO ALTAR

A glorificação dos servos de Deus, aqui na terra, parece que segue este caminho: primeiro a glorificação popular; depois o reconhecimento oficial da Igreja, na beatificação. Por fim, a grande apoteose: a canonização. Todos esses graus são importantes. A primeira coisa que os postuladores das causas dos santos olham é se o seu "candidato ao altar" já era tido e havido por santo, e, como tal, glorificado pelo povo. Esse era justamente o caso de Benedito, como demonstramos no Capítulo 24, quando da ida do Santo a Girgenti, para o Capítulo Geral da Ordem. Mostramos isso também ao longo de várias páginas desta obrazinha. O povo sempre atrás de Frei Benedito, louvando e bendizendo a Deus os dons com que enriqueceu seu Amigo. Cientes dos milagres operados por intercessão dele, sabiam procurá-lo em todos os seus apertos.

O povo que comeu dos pães multiplicados por Jesus no deserto, no dia seguinte foi atrás dele em Cafarnaum, querendo mais. Com vergonha de pedir-lhe diretamente, disfarça: "Como é que o senhor chegou aqui?".

Todos aqueles que se sentiram beneficiados com milagres por Benedito, bem como seus parentes e amigos, não podiam deixar de continuar rondando o Santo, esperando que lhes sobrasse mais alguma graça especial, pois a fonte ali parecia inesgotável. "A cada milagre que acontecia – escreveu Mons. Ascânio – o povo acorria à portaria do convento aclamando e louvando o Santo". Como aconteceu com o próprio Cristo, o povo percebia que de Frei Benedito saía uma força que curava a todos. Frei Giacomo di Pazza afirmou no processo de beatificação: "Morei um ano com Frei Benedito e posso afirmar que não vi passar um dia sem um milagre ou prodígio operado por sua intercessão".

Com tais poderes nas mãos, por onde já não andaria sua fama? Escreve seu biógrafo Nicolisi que a fama de santidade de Frei Benedito, quando ainda vivo, foi tão grande por toda a parte, que raramente se encontra coisa semelhante na história da Igreja. – O que lhe falta, senão o altar?

Sua popularidade e veneração por parte do povo se tornaram tão grandes que o Santo acabou, certa vez, atrapalhando toda a procissão de Corpus Christi. Coitado! A culpa não foi dele, mas a procissão acabou mais cedo. Foi assim:

Numa festa do "Corpo de Deus", os frades de Santa Maria de Jesus também deviam tomar parte na procissão da Catedral. Essa procissão litúrgica obriga a presença de todo o clero. Frei Benedito foi encarregado de levar a cruz processional, àquela que vai à frente do cortejo sacro.

Envergando uma linda dalmática que lhe deram na sacristia da catedral de Palermo, Benedito tomou a cruz e colocou-se no seu devido lugar, à

39 • O CAMINHO DO ALTAR

frente da procissão. Quando lhe deram sinal, começou a andar, e atrás dele todo o povo. Ao final da procissão vinham os sacerdotes trazendo o Santíssimo, tudo como hoje.

Para não se distrair, Benedito fixou bem os olhos na cruz. Não só não se distraiu, como, arrebatado pelo amor, entrou em êxtase. Seu corpo deslizava suavemente, sem que Benedito movesse os pés.

Ao ver aquilo, o povo não aguentou e prorrompeu em gritos de admiração: "Olhem o Santo! Olhem o Santo!" As filas se desorganizavam, porque muitos saíam para ver o que estava acontecendo. Os encarregados de manter a ordem na procissão gritavam para que as filas caminhassem. Instalou-se a confusão. O Pároco acabou dando ordem para que a procissão cortasse caminho e voltasse logo para a Catedral.

Dizem que o Provincial dos franciscanos se arrependeu de ter pedido a Frei Benedito que levasse a cruz da procissão. Mas creio eu que não havia motivo para isso, pois não foi Deus que permitiu tudo aquilo? Não teria São Benedito, com seu êxtase, dado mais glória a Jesus Eucarístico do que toda aquela multidão?

·40·
SEU SEPULCRO SERÁ GLORIOSO
(Is 11,10)

Esse texto da Vulgata, que está servindo de título para este capítulo, é uma referência que São Jerônimo quer fazer ao sepulcro glorioso de Cristo. Mas nós queremos referir-nos às várias sepulturas de São Benedito. Duas vezes (ou mais?) seus restos mortais foram trasladados, para facilitar o acesso ao povo. Sua sepultura é gloriosa porque ali Deus continua a distribuir suas graças. Os romeiros que o digam.

Parece que os superiores de Frei Benedito não calcularam bem a glória que o Santo teria depois de sua morte. Senão teriam escolhido um lugar melhor para o seu sepultamento. Mas, porque não o fizeram, tiveram de trasladar seus restos mortais.

Na atual sepultura do Santo, na igreja de Santa Maria de Jesus, está escrito: "O Senhor guardou todos os seus ossos". Ainda bem que não escreveram: "Requiescat in pace" (RIP): descanse em paz, senão iríamos dizer que não respeitaram sua paz, uma vez que movimentaram bastante aqueles restos mortais.

Primeiramente depositaram o corpo do Santo no túmulo do convento, onde outros confrades já haviam sido sepultados. O local não era de fácil acesso, e o tropel dos romeiros incomodava a silenciosa comunidade. Eram muitos que queriam rezar na sepultura de Frei Benedito, e o número desses devotos aumentava cada dia mais devido aos milagres que ali aconteciam. Resolveram então colocar os restos mortais de São Benedito num local mais ao alcance do povo.

Em 1591, dois anos depois da morte de São Benedito, foi preciso acionar a burocracia da Igreja, para trasladar os restos mortais do Santo. Padre Lourenço Galatino, visitador da Província Franciscana da Sicília, conseguiu do Cardeal Mathei autorização para colocar os despojos sagrados de Frei Benedito na sacristia da igreja de Santa Maria de Jesus, mas só a 7 de maio de 1592 realizaram esse traslado. Dizem que o corpo de São Benedito estava intacto e exalando um perfume celeste.

Foi feito um buraco numa parede grossa da sacristia e ali, então, numa urna nova, o corpo de São Benedito recebeu nova sepultura. Melhorou para o povo, mas acabou o sossego da sacristia. Além do mais, o local era pequeno e as romarias estavam crescendo cada vez mais.

Foi lavrada Ata sobre aquela trasladação e assinada por todas as autoridades presentes.

Com o correr dos dias a sacristia virou capela, com o povo ali rezando, cantando e pagando promessas. Isso durante dezenove anos.

Os frades de Santa Maria resolveram, então, pedir à Santa Sé nova trasladação, dessa vez levando os despojos de São Benedito para a igreja mes-

40 • *SEU SEPULCRO SERÁ GLORIOSO (Is 11,10)*

mo. O Cardeal Pinello, Prefeito da Sagrada Congregação dos Ritos, em carta de 11 de março de 1611, permitiu a nova trasladação, que foi realizada no dia 3 de outubro do mesmo ano, com a presença do Cardeal Dória. A festa foi muito bonita, com uma imponente procissão, onde o povo carregava os restos mortais do glorioso São Benedito numa preciosa urna de cristal.

Hoje o corpo de São Benedito está colocado numa capela lateral da igreja de Santa Maria de Jesus, o velho convento franciscano, a três quilômetros de Palermo.

·41·
NA GLÓRIA DA BEATIFICAÇÃO

– Por que aquelas trasladações dos restos mortais de São Benedito precisaram ser autorizadas pela Santa Sé?

– Porque a mesma Santa Sé queria preservar muito bem as relíquias do Santo, pois já em 1592, três anos depois da morte de Frei Benedito, dava-se início ao processo de sua beatificação. Outra pergunta: – Por que motivo este processo ficou parado, para ser retomado somente em 1622?

– Resposta difícil. Seria preciso um estudo mais profundo para responder a essas perguntas. O fato é que a cidade de Palermo não estava com paciência para esperar a glorificação oficial do Santo. Por isso, a 24 de abril de 1652, Frei Benedito foi escolhido para Padroeiro da cidade com o título de "Beato". Mas foi uma solenidade de cunho estritamente particular, isto é, diocesano.

Honrarias semelhantes Benedito recebeu em várias cidades da Espanha, em 1606, onde relíquias suas foram expostas à veneração pública e estátuas foram erguidas.

Não sei o que o "advogado do diabo" terá encontrado, que novamente travou o processo de beatificação. Foram ouvidas muitas testemunhas, coletados muitos documentos e depois tudo arquivado. E nas gavetas ficaram por quase um século!

VIDA DE SÃO BENEDITO

Em 1713, a pedido do Cardeal Corradini, o Papa Clemente XI autorizou a reabertura do processo, que se arrastou lentamente até 1740.

Em 1743 acendeu-se uma luz, garantindo que a canonização do Santo não estava muito longe e que a Santa Sé (Bento XIV) permitiu aos franciscanos missa e Ofício próprios, em honra de Frei Benedito.

Presentes no mundo inteiro, nos seus diversos ramos, os franciscanos continuaram a propagar a devoção ao Santo, até que, em 1763, Clemente XIII declarou Frei Benedito "Bem-Aventurado".

A Teologia diz o seguinte sobre beatificação e canonização:

"BEATIFICAÇÃO é um ato solene e público pelo qual a Igreja permite que, em certos lugares determinados, numa diocese, numa província, num país, numa comunidade religiosa etc., um servo de Deus, morto em odor de santidade, receba culto público com o título de 'Beato' ou 'Bem-aventurado'.

É uma preparação para a Canonização, porque na beatificação a Igreja declara que há motivos sérios para se pensar que o Servo ou Serva de Deus, em vista da santidade de sua vida e dos milagres operados pela sua intercessão, goza no céu de beatitude eterna.

A CANONIZAÇÃO, ao contrário, é um ato definitivo; é a conclusão última de um processo, ao fim do qual o Soberano Pontífice, na plenitude do seu poder apostólico, promulga uma sentença que obriga todos os cristãos. É um decreto solene definindo "urbi et orbi", a Roma e ao mundo, que o Servo de Deus deve ser inscrito no catálogo dos santos e honrado como tal pelos fiéis do mundo inteiro. (Dictionnaire de Théologie Catholique – ‹Béatification')".

·42·
SÃO BENEDITO, ROGAI POR NÓS

Durante 44 anos Benedito ficou marcando passo no grau de "Beato", na espera da sua última estrela. Melhor: seus devotos ficaram esperando, porque ele mesmo, no céu, já havia recebido todas as condecorações a que tinha direito.

Enquanto isso, seus milagres levaram seu nome e fama por toda a Europa. E da Europa, em 1610, os espanhóis e portugueses trouxeram a devoção a São Benedito para a América e para o Brasil.

Em 1776 o Cardeal Visconti iniciou o arranque final, que deveria levar Benedito à glória plena dos altares. Falamos do processo de sua canonização.

Começou-se por novo estudo da "heroicidade" das suas virtudes. Novos milagres foram estudados pela comissão, que se reuniu por três vezes: 1780 e depois por mais duas vezes em 1786. Os resultados dessas reuniões foram plenamente favoráveis à canonização de Frei Benedito. Assim mesmo, Deus provou a paciência dos devotos do Santo, fazendo-os esperar por mais vinte e um anos. Por fim foi marcada a data da canonização: 25 de maio de 1807, domingo da Santíssima Trindade.

Quem colocou essa última coroa que faltava na fronte do humilde São Benedito foi o Papa Pio VII.

VIDA DE SÃO BENEDITO

O retrato do Santo, pintado num belíssimo estandarte, tornou a brilhar na "glória de Bernini", local tradicional onde aparecem os retratos de todos aqueles e aquelas que são declarados beatos ou santos.

De Maria se diz que não podia humilhar-se mais do que se humilhou, e que Deus não poderia exaltá-la mais do que a exaltou.

Guardadas as devidas proporções, aplicaremos palavras semelhantes a São Benedito, humílimo servo de Deus e de seus irmãos, que Deus exaltou aos píncaros da glória, neste mundo e no céu. Olhando os fatos, temos de reconhecer a verdade revelada: Deus rebaixa os orgulhosos e eleva os humildes.

·43·
A DEVOÇÃO A SÃO BENEDITO EM PORTUGAL

No século 17, já era grande a devoção a São Benedito em Portugal e em toda a Península Ibérica. Este caso, acontecido lá, em 1620, foi um dos que ajudaram a canonização de São Benedito. Na velha cidade de Leiria, hoje bem conhecida por ser a sede episcopal da diocese a que pertence Fátima, vivia um grande devoto de São Benedito, chamado Antônio de Azevedo. Seu filho Manoel adoeceu gravemente. Desenganado pelos médicos, veio a falecer. O pai, desesperado, lembrou-se de São Benedito, cuja imagem achava-se na igreja de São Francisco, onde era muito venerada e onde se davam muitos milagres. Antônio correu até a igreja e lá fez um voto ao Santo Preto: se este lhe restituísse vivo o filho, Antônio prometia vir com ele participar de uma missa e trazer ali a mortalha com a qual o filho seria enterrado.

Voltando para casa, aquele pai cheio de fé encontra o filho vivo e plenamente saudável. Logo depois, pai e filho voltaram à igreja de São Francisco, onde também "pai e filho", isto é, Francisco e Benedito, esperavam-nos para as ações de graças.

Igualmente ficou nos anais da História o caso da Irmã Madalena da Ressurreição.

Essa religiosa, do mosteiro de Castanheira, filha de condes, vivia triste em seu convento por causa de uma surdez incurável. Já não podia recitar o Ofício Divino com suas colegas no coro do convento, por nada ouvir.

Ao receber a visita de um parente franciscano, este aconselhou-a a pedir a cura a São Benedito. Dias depois, este mesmo religioso enviou-lhe por carta uma relíquia de São Benedito. Ela recebeu a carta exatamente quando estava se dirigindo para a capela, para rezar o breviário. Dobrou-a e colocou-a no bolso para ler depois. Estava rezando o Ofício em particular, quando teve uma visão: Pareceu-lhe ver São Benedito que lhe dizia: "Vou curá-la!".

Naquela noite, na hora de recolher-se, a religiosa já sentiu seus ouvidos muito diferentes, para melhor. E ao levantar-se, estava escutando perfeitamente. E curada ficou por muitos anos, até entregar sua bela alma a Deus e ir louvá-lo em companhia do Santo, cuja intercessão lhe valera.

Esses e muitos outros casos acontecidos em Portugal fizeram com que a devoção a São Benedito transpusesse os mares e chegasse ao Brasil, que fez dele um dos seus santos mais populares.

·44·
SÃO BENEDITO DESCOBRE O BRASIL

E o Brasil descobre São Benedito. Essas descobertas mútuas fizeram ambos crescer. Benedito cresceu, porque conquistou mais uns milhões de devotos. O Brasil cresceu na fé, porque, sob o patrocínio do grande São Benedito, está marchando com passos cada vez mais seguros em direção do seu grandioso destino.

Parece que a Bahia foi pioneira na devoção a São Benedito, com Irmandade e tudo, isso antes já da canonização. Quase no mesmo tempo a devoção foi levada e criou profundas raízes no Maranhão, como atesta Dom Francisco de Paula e Silva em seu livro *"São Benedicto – O Preto"* – Typ. de São Francisco, 1913.

Hoje, a devoção a São Benedito, no Brasil, é um fenômeno quase nacional. De norte a sul deste país não faltam paróquias, ou capelas, ou ao menos um altar com uma imagem do Santo Preto. Não há explicação para isso, a não ser na Providência de Deus, que quis dar ao Brasil esta criatura admirável para ser o seu guia, exemplo e protetor.

A presença dos franciscanos em muitas partes de nossa Pátria e a alta porcentagem da população negra ou mestiça do Brasil são boas razões que tentam explicar o fenômeno religioso de São Benedito no Brasil.

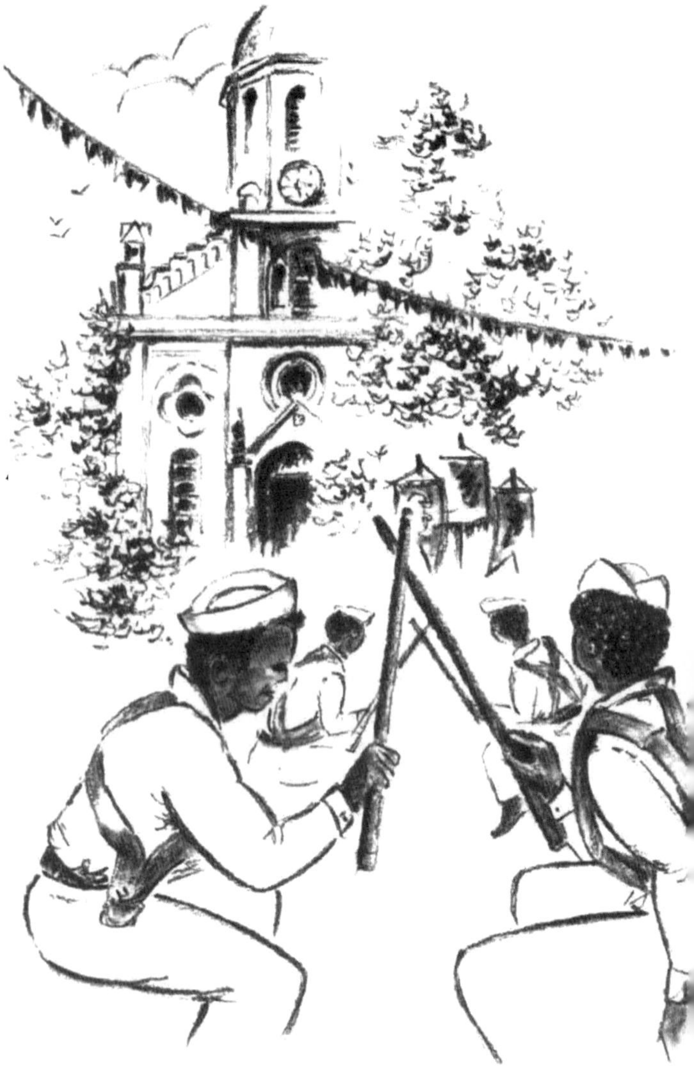

Para quem havia deixado o Continente Negro pagão, com seus deuses, suas superstições, seus curandeiros, Benedito era uma excelente alternativa. Alguém da sua cor, um Evangelho vivo, um homem cheio dos dons divinos para reparti-los com seus irmãos.

Mas, onde vemos claramente a mão divina dirigindo os destinos religiosos do Brasil, é na aceitação da devoção a São Benedito por parte dos brancos, unindo ambas as raças numa só fé.

Durante os anos de escravidão os brancos teriam de ver em São Benedito um representante da raça negra, um irmão dos escravos, que não podiam, pois, ser tratados como animais. Era como se maltratar um escravo fosse maltratar São Benedito.

Se o nosso Santo não sentiu a escravidão no próprio corpo, sentiu-a nos membros de sua família, o que dá quase no mesmo. Assim, seus poderes no céu, junto de Deus, endereçaram-se a quebrar as correntes que prendiam corpo e alma de seus irmãos negros, que suspiravam pelo direito sagrado da liberdade.

·45·
FÉ ADULTA

Jesus reclamou certa vez de uma espécie de fé que exige milagres: "Se vocês não virem milagre e prodígios, não acreditam" (Jo 4,48). Mas nessa mesma hora ele curou o filho, provavelmente adotivo, de um funcionário real.

Os milagres são uma espécie de leite que Deus concede aos recém-nascidos para a fé. Depois de crescidos, experimentarão outros alimentos.

No começo da Igreja, os milagres foram abundantes porque Deus tinha pressa em consolidá-la por meio da conversão dos judeus e pagãos. Hoje os milagres são mais raros, mas não se extinguiram. Deus os realiza quando acha necessário.

Na festa de Pentecostes a Igreja reza: "Ó Deus... derramai por toda a extensão do mundo os dons do Espírito Santo e realizai agora, no coração dos fiéis, as maravilhas que operastes no início da pregação do Evangelho".

Muitos santos foram instrumentos de Deus para tantos milagres, que receberam até o apelido de "taumaturgos", que significa operador de milagres. Celebrizaram-se, entre outros, São Gregório Taumaturgo (+270), Santo Antônio, São Francisco de Paula, São Geraldo Majela e, não em último lugar, São Benedito. Quantas vezes, até por meio das relíquias dos santos, alcançaram-se graças verdadeiramente extraordinárias!

– "Mas quando os milagres escasseiam, pergunta D. Francisco de Paula e Silva, como explicar essa lembrança devota?" Isto é, como explicar, por exemplo, a grande devoção do povo brasileiro a São Benedito, mesmo que ele não esteja fazendo milagres?

É preciso ver aí a mão de Deus, que nos oferece seus santos, não apenas para milagres e prodígios, mas principalmente como exemplos para nossas vidas, laços de união entre o mundo e o Criador e como nossos contínuos intercessores junto a Cristo, nosso único Mediador. "O testemunho admirável dos Santos – diz a Liturgia – revigora constantemente a Igreja e prova o amor de Deus para conosco" *(Pref. dos Santos,* II).

Os monumentos dos heróis se pulverizam com o passar dos tempos, mas os altares dos santos sempre são renovados. É o que se dá com São Benedito que, falecido há 400 anos, tem sua glória cada dia renovada, seu nome sempre exaltado e invocado por milhares de fiéis.

Para o cristão de fé adulta, os milagres não são mais necessários. O cristão forte na fé crê e ama a Deus sem nada esperar senão a posse do próprio Deus no céu. No livro de Jó se leem estas fortes palavras: "Ainda que ele (Deus) me mate, nele esperarei" (Jó 13,15). Jó é, para nós, exemplo de fé adulta, amadurecida, confirmada. É essa a fé que peço a Deus conceda ao leitor. Uma fé, como dizia Paulo VI, "que não tema as contrariedades dos problemas que enchem nossa vida; que não tema a oposição dos que a discutem e atacam, rejeitam e negam; uma fé que espere em Deus, mesmo nos sofrimentos, até que chegue a hora da revelação final".

·46·
OS 400 ANOS DE SÃO BENEDITO

Na história do povo negro no Brasil, São Benedito – que não era brasileiro, mas siciliano, do sul da Itália – foi muito importante. Mas, antes que contemos essa história, temos de dizer algo sobre a vida desse santo da Igreja Católica.

São Benedito nasceu no ano de 1526, perto de Messina, na ilha da Sicília, que fica ao sul da Itália e onde, na época, produzia-se açúcar. Era filho de um casal escravo africano que foi comprado por uma família siciliana, chamada Manasseri, filho de Cristóvão Manasseri e Diana Larcan.

Esse filho de negros teve de suportar desde cedo as humilhações a que os escravos africanos eram sujeitos por onde se espalhou a escravidão. Mas, como Benedito reagiu a esses vexames com notável paciência e dignidade, ele foi logo chamado de "il moro santo" (o negro santo), desde a idade de onze anos.

Mais tarde Benedito juntou-se a um grupo de eremitas, pessoas que procuravam a santidade na solidão e na pobreza. Mas o Papa não gostava muito desses numerosos grupos de gente solta, rezando e andando pelo mundo e ordenou que os eremitas procurassem juntar-se a uma congregação religiosa reconhecida pela Igreja. Assim Benedito foi ser irmão leigo na Ordem dos Franciscanos e foi designado como cozinheiro.

Neste trabalho humilde tanto se destacou pela sua caridade que foi nomeado mestre dos noviços durante sucessivos anos. Mas quando chegou o término deste serviço, ele voltou com todo o prazer à cozinha do convento e a transformou num lugar de encontro de pobres e necessitados. Assim ele encerrou a carreira de sua vida e faleceu com 63 anos em 1589.

Como já dissemos, a escravidão negra começou a se espalhar por todo o mundo católico na época em que Benedito viveu e morreu: não somente em muitos lugares da Europa (como a Sicília, pátria de Benedito), mas, sobretudo, na América do Norte (Virgínia, Flórida), no Caribe e na América Latina. Os negros católicos começaram a contar entre si a história de Benedito e a venerá-lo como um santo. Temos indícios de que as primeiras igrejas edificadas no Brasil pelos próprios escravos, para aí realizarem suas devoções, como as igrejas de Nossa Senhora do Rosário, já tinham imagens de São Benedito desde o fim do século 17, mais ou menos cem anos depois da morte dele. Na América do Norte, os negros da Virgínia e da Flórida, que tinham de trabalhar a serviço de senhores brancos, que muitas vezes não eram católicos, foram mais longe e proclamaram Benedito como "padroeiro dos negros americanos". Davam frequentemente o nome Benedito aos seus filhos, em homenagem ao Santo, e, por meio dele, à luta pela sua identidade negra no meio da escravidão.

Aqui no Brasil, sabemos de imagens de São Benedito desde os anos de 1680, em Salvador, Rio, Olinda, Recife, Igaraçu (PE), Belém do Pará. Foram, sobretudo, os negros ladinos (assim chamados porque já dominavam, de certa forma, a língua portuguesa, chamada "latina") que veneravam São Benedito, sendo que os negros boçais (que não falavam português) continuavam a venerar – secretamente, é claro – os orixás da África: Iemanjá, Xangô, Iansã, Ogum, Exu etc.

As autoridades da Igreja Católica começaram a sentir sempre mais a pressão que vinha dos negros escravos em todas as colônias católicas do mundo e em 1743 permitiram o culto oficial; mas só em 1807 São Benedito foi declarado oficialmente santo. Isso explica por que aqui no Brasil São Benedito é um santo "tardio", que pertence antes ao ciclo do café do que aos ciclos anteriores do açúcar (litoral nordestino), do gado (sertão do Nordeste e da Bahia), das minas (Minas Gerais). Por isso, sua devoção se espalhou muito no interior de São Paulo, acompanhando os negros que trabalhavam na lavoura do café. Duas cidades do Estado de São Paulo são dedicadas ao Santo: São Benedito da Cachoeirinha e São Benedito das Areias. Mas temos cidades com o nome de São Benedito no Maranhão, no Ceará, em Pernambuco e em Minas Gerais, além das já mencionadas do Estado de São Paulo. A devoção a São Benedito é o que há de mais independente e autônomo entre as devoções católicas no Brasil, ao lado das danças de São Gonçalo, dos batuques e congadas que pertencem antes ao mundo cultural africano do que ao mundo católico propriamente dito. Mas São Benedito é um ponto avançado de presença negra no catolicismo, tão marcadamente branco na sua mentalidade.

Com a progressiva mestiçagem do povo brasileiro, o caráter tipicamente negro da devoção a São Benedito foi cedendo aos poucos à intromissão de elementos ameríndios como o catimbó, o culto de Jurema e outros ritos. Mas São Benedito no Brasil conserva seu papel histórico de *santo vingador* da dignidade africana aqui. Um devoto disse: "Deus disse a São Benedito que ele ia ser santo. Respondeu que não queria por ser preto. Então Deus disse que aquele que abusasse dele seria castigado na hora". Dessa forma São Benedito é expressão da luta surda e tenaz dos negros contra a discriminação racial neste país, tão sutil e tão silenciada. Realmente, São Benedito virou no Brasil um santo vingador: quem não o respeitar, será castigado.

Um aspecto muito interessante da devoção a São Benedito no Brasil foi o que aconteceu com os escravos nos conventos. Como se sabe, os conventos de carmelitas, beneditinos (não confundir entre São Benedito e São Bento) e franciscanos possuíam muitos escravos. Os escravos dos franciscanos conseguiram reunir-se em confraria de São Benedito, pois eles foram proibidos de entrar na Ordem Terceira de São Francisco, que era dos brancos. Essa Irmandade de São Benedito cuidava de importantes aspectos da vida dos escravos nos conventos, como o enterro (a compra do caixão, que era caro), a doença (a organização de uma enfermaria), a velhice (uma espécie de previdência social organizada pela Irmandade de São Benedito), o serviço religioso (no convento de São Francisco na cidade de Salvador, na Bahia, até hoje se conserva a capelinha de São Benedito). Formou-se assim uma dupla frente dentro dos conventos franciscanos: os de São Francisco e/ou Santo Antônio, representando os brancos, contra os de São Benedito, representando os negros.

A ironia da história quer que fossem os "beneditos" ou escravos negros a serviço dos conventos dos brancos que, em diversos casos, salvaram esses conventos da decadência completa, quando estes se esvaziaram sob a pressão dos governos liberais. Quando os frades alemães chegaram para reerguer a ordem franciscana no Brasil, tamanha foi a sua surpresa ao verem que foram os "beneditos" que salvaram da ruína completa diversos conventos!

A devoção a São Benedito, que conta com mais de quatrocentos anos de existência, continua sendo uma força para muita gente humilhada neste país, onde os empobrecidos não têm condição de defender-se materialmente contra um sistema em que todos os direitos pertencem aos que estão "por cima". Esses empobrecidos, descendentes ou não de escravos africanos trazidos para o Brasil – assim como os pais de Benedito foram levados para a Sicília – continuam criando em torno da imagem e do culto a São Benedito um espaço de encontro e força para continuar lutando e esperando por dias melhores.

Eduardo Hoornaert
Comissão de Estudos da História da Igreja na
América Latina
in: ***Revista Sem Fronteiras*** *(169), maio de 1989*

•47•
NOVENA DE SÃO BENEDITO

ORAÇÃO PARA TODOS OS DIAS

Dirigente: Vinde, ó Deus, em meu auxílio.
Todos: Socorrei-me sem demora.

Dirigente: Glória ao Pai, ao Filho e ao Espírito Santo.
Todos: Como era no princípio, agora e sempre. Amém.

Dirigente *(só ou com todos)*: Ó Jesus, verdade eterna e coroa dos vossos santos,/ cantamos hoje a glória de vosso servo São Benedito,/ a quem destes o prêmio do céu.

Concedei que ele, convosco,/ interceda junto ao Pai em nosso favor,/ e assim, em fraterna comunhão,/consigamos para nossas faltas/ misericórdia e perdão. Amém.

E vós, glorioso Santo,/ que desprezastes os bens e as honras da terra,/ alcançai-nos que, deixando de lado as alegrias mundanas,/ só busquemos as do céu.

Concedei-nos igualmente/ uma fé inabalável em Cristo Rei/ e disso demos testemunho/ ao longo de toda a nossa vida. Assim,/ cheios de fé e de virtudes cristãs,/ poderemos vencer as tentações/ e caminhar seguros para a conquista do mesmo prêmio/ que alcançastes na glória.

1º DIA

LEITURAS:
Tema: "SERVIR"

1. Cap. 19 deste livro: "Abençoado aquele que serve"
2. Evangelho: Lc 22,24-27
3. Homilia
4. Intercessões

Dirigente: Senhor Jesus Cristo, coroa de todos os santos, por intercessão do vosso servo e amigo São Benedito, ouvi a voz da oração daqueles que imploram hoje as vossas graças.

Todos: Ensinai-nos, Senhor, a servir.

1. Senhor, que não viestes para ser servido, mas para servir e dar a vida por todos, fazei de nós verdadeiros servidores dos nossos irmãos.

2. Que os pobres, os enfermos e os mais abandonados tenham preferência em nosso serviço, como vós também destes preferência aos mais abandonados.

3. Despertai em todos os cristãos o espírito de amor ao próximo, para que o nosso testemunho converta todos para a verdadeira fé.

4. Abençoai a santa Igreja e sua cabeça visível, o Papa (N), empenhado em servir a todos na causa da justiça e da paz, para que seus esforços sejam reconhecidos por todos.

5. Olhai por nossa cidade e por nossa paróquia: que esta festa aumente entre nós a fraternidade e o desejo de imitar as virtudes de São Benedito.

– *Outros pedidos...*

Dirigente *(só ou com todos)*: Deus eterno e Todo-Poderoso,/ que pela proteção de São Benedito/ continuais a manifestar o vosso amor por nós,/ concedei, por sua intercessão,/ que vos possamos servir/ cada vez mais e melhor / nas pessoas de nossos irmãos. Por Cristo, nosso Senhor. Amém.

2° DIA

Início: Como no 1° dia

LEITURAS:
Tema: "ESTIVE ENFERMO E ME VISITASTES"

1. Evangelho: Mt 9,20-22
2. Cap. 12 deste livro: "A Cancerosa de Mancusa"
3. Homilia
4. Intercessões

Dirigente: Irmãos, Cristo é o médico dos corpos e das almas, pois, enquanto o pecado é a doença das almas, a doença é o resultado do pecado no corpo. Que nosso Senhor venha em socorro de todos esses males.

Todos: Curai-nos, Senhor, porque pecamos contra vós! (Sl 40,5)

1. Vós, Senhor, que viestes tirar o pecado do mundo, vinde em nosso auxílio, para que, curados no corpo e na alma, possamos agradar-vos por uma vida santa e melhor servir os nossos irmãos.

2. Tende compaixão dos nossos doentes, Senhor! Que seus sofrimentos os purifiquem e os façam cada vez mais semelhantes a vós, que nos remistes pelos sofrimentos da cruz.

3. Vós que nos ensinastes a suportar com paciência os sofrimentos da vida, para termos parte nos merecimentos da vossa Paixão, dai-nos coragem e até mesmo alegria em nossos sofrimentos.

4. Aceitai também as dores das crianças, vítimas inocentes dos pecados do mundo, e fazei-nos compreender que tudo isso está dentro do vosso plano de amor.

5. Nós vos recomendamos nossos parentes, amigos e benfeitores, que chamastes para a eternidade, bem como todos os que faleceram recentemente em nossa paróquia. A todos dai a luz que não se apaga.

– Outros pedidos...

Dirigente *(só ou com todos)*: Ó Deus, que enriquecestes São Benedito com o dom de curar os enfermos,/ o que ele tantas vezes realizou,/ continuai a vir em socorro de todos aqueles/ que vos invocam pela intercessão deste vosso Servo e Amigo. Por nosso Senhor Jesus Cristo, vosso Filho,/ na unidade do Espírito Santo. Amém.

3° DIA

Início: Como no 1° dia

LEITURAS:
Tema: "QUEM SE HUMILHA SERÁ EXALTADO"

1. Evangelho: Mt 23,8-12
2. Cap 22 deste livro: "Poço de humildade"
3. Homilia
4. Intercessões

Dirigente: Irmãos, reconhecendo com simplicidade e humildade nossas limitações e pecados, peçamos a nosso Senhor que venha em nosso socorro com sua graça.
Todos: Senhor, escutai a nossa prece!
1. Por todos os que governam o Povo de Deus, para que desempenhem suas funções de mestres e guias com toda a disponibilidade e caridade cristã, rezemos:

2. Por todos os que se consagraram a Deus na vida religiosa, para que se lembrem de que a vocação não é apenas um privilégio, mas uma obrigação de serem "sal da terra e luz do mundo", rezemos:

3. Por todos nós que ouvimos hoje a palavra de Cristo e vimos o exemplo de São Benedito incentivando-nos na humildade, para que o Senhor nos livre de todo orgulho e mau exemplo, rezemos:

4. Para que, movidos pelo Espírito Santo, procuremos agir corretamente com todos, abandonando toda malícia, hipocrisia, ciúme e maledicência, rezemos:

5. Por todos os nossos irmãos que sofrem, para que encontrem alívio, paz e saúde pela recepção do Pão eucarístico, rezemos:

– Outros pedidos...

Dirigente (*só ou com todos*)**:** Ó Cristo,/ manso e humilde de coração,/ que tornastes o coração de São Benedito semelhante ao vosso,/ convertei-nos para a verdadeira humildade,/ para que saibamos tratar a todos com mansidão e caridade. Ensinai-nos a conhecer o nosso lugar no mundo,/ para podermos servir os nossos irmãos/ e não para dominá-los. Atendei-nos, ó Cristo, Filho eterno do Pai,/ que com ele viveis e reinais/ na unidade do Espírito Santo. Amém.

4° DIA

Início: Como no 1° dia

LEITURAS:
Tema: "DISSERAM-LHE: TODOS TE PROCURAM"

1. Evangelho: Mc 1,29-39
2. Cap. 25 deste livro: "Santo não tem descanso"
3. Homilia
4. Intercessões

Dirigente: Irmãos, à semelhança de Jesus, São Benedito passou a vida fazendo o bem. Que ele seja, mais uma vez, nosso intercessor, com Cristo, junto ao Pai, e olhe especialmente por aqueles que, neste momento, precisam até de milagre para continuar a viver.

Todos: Misericórdia vos pedimos, Senhor!

1. Lembrai-vos dos nossos doentes, dos desenganados e de todos os que sofrem no corpo e na alma. Ensinai-os a transformar suas dores em sofrimentos redentores.

2. É obra divina curar a dor. Para que Deus abençoe os esforços dos cientistas e médicos nas pesquisas das doenças e seus remédios, e eles tenham a alegria de ver seus trabalhos coroados de êxito.

3. Nós vos recomendamos também as religiosas, enfermeiros e enfermeiras que neste momento estão à cabeceira dos enfermos, para que eles sejam ali sinais da presença de Cristo.

4. Vinde em auxílio daqueles que, cansados de uma vida vazia e desnorteada, procuram o caminho da justiça, da pureza e da verdade.

5. Reuni, ó Pai, no reino da alegria e da paz todos aqueles que, neste mundo, procuraram servir a vós e aos seus irmãos. Sejam para sempre felizes na ceia da comunhão eterna.

– Outros pedidos...

Dirigente *(só ou com todos)*: Aqui estamos, ó Cristo, na vossa presença,/ para agradecer-vos por todos os benefícios recebidos. Iluminados pela vossa graça,/ olhamos para este "vale de lágrimas",/ no qual nossos irmãos imploram nossa presença e ajuda. São muitos os que estão à beira do caminho, gemendo:/ "Onde estão os meus irmãos?" E ninguém lhes responde. Dai-nos, Senhor,/ um coração semelhante ao de São Benedito,/ para sermos verdadeiros irmãos dos nossos irmãos,/ como fostes para nós/ o melhor irmão. Amém.

5º DIA

Início: Como no 1º dia

LEITURAS:
Tema: "BEM-AVENTURADOS OS POBRES"

1. Evangelho: lc 6,20-23
2. Cap. 26 deste livro: "Bendito entre os pobres"
3. Homilia
4. Intercessões

Dirigente: Irmãos, Com a entrada de Jesus no mundo, a hierarquia dos valores foi totalmente revolucionada. Somos agora "homens das bem-aventuranças". Que o Cristo nos ajude a vivê-las intensamente.

Todos: Ajudai-nos, Senhor, nós vos pedimos!

1. Por todos os que querem seguir os exemplos de São Benedito, para que procurem viver as bem-aventuranças, pondo sua segurança unicamente em Cristo ressuscitado, rezemos:

2. Pelos que ainda não descobriram a felicidade de servir, para que abram os olhos para os exemplos de Cristo e dos seus santos, rezemos:

3. Pelos que sofrem por causa da ganância dos que querem sempre mais, para que não percam sua esperança nos bens eternos, rezemos:

4. Para que não nos cansemos de fazer o bem e de trabalhar na construção de uma sociedade mais humana e fraterna, rezemos:

5. Para que nós, respondendo afirmativamente ao convite de Jesus, sintamos a alegria de ser amados por Deus, participando da sorte dos seus profetas, rezemos:

– Outros pedidos...

Dirigente *(só ou com todos)*: Ó Cristo,/ vosso evangelho veio anunciar uma nova humanidade/ e para ela convidastes/ todos os que aceitarem vossas palavras,/ prometendo seguir vossos exemplos. Ativai em nós/ as graças concedidas em nosso batismo. Libertai-nos das falsas seguranças/ que nascem dos bens

VIDA DE SÃO BENEDITO

deste mundo/ e dai-nos determinação para caminharmos numa vida de amor/ que não conhece fronteiras.

Que nosso padroeiro São Benedito/ interceda convosco junto ao Pai,/ para que alcancemos o espírito das bem-aventuranças/ praticando-as diariamente/ no exercício de nossas responsabilidades pessoais,/ familiares e sociais. Amém.

6° DIA

Início: Como no 1° dia

LEITURAS:
Tema: "VOCÊS MESMOS LHES DEEM DE COMER"

1. Evangelho: Mt 14,13-21
2. Cap. 20 deste livro: "A Multiplicação dos Pães"
3. Homilia
4. Intercessões

Dirigente: Irmãos, façamos agora nossos pedidos a Jesus, que saciou a fome do povo, porque a mesma misericórdia se acha aberta para atender-nos em todas as nossas necessidades.
Todos: Senhor, socorrei-nos!
1. Dai, Senhor, fome de justiça a quem tem pão, para que não falte o pão a quem tem fome.
2. Vós que dissestes: "Deem-lhes, vocês mesmos, de comer", lembrai-nos diariamente de nossos deveres para com os pobres da nossa paróquia.

3. Afastai de nós o flagelo da seca e das enchentes que deixa atrás de si o rastro da fome, da miséria e da morte.

4. Vós que fizestes da abundância do pão e da paz o sinal dos tempos messiânicos, livrai as nações dos horrores da guerra, das revoluções e ocupações estrangeiras, para que possam encontrar a paz e o progresso que procuram.

5. Aceitai, ó Pai, nossos agradecimentos pelo maior dos vossos dons, vosso Filho Jesus Cristo. Que vejamos nele o amigo, o irmão e o caminho seguro da casa paterna.

– Outros pedidos...

Dirigente *(só ou com todos)*: Ó Deus, que sustentais vossos filhos com os frutos da terra/ e alimentais nossas almas com o Pão da vida eterna,/ fazei que jamais nos falte/ o sustento espiritual e material. Fazei-nos atentos às necessidades dos nossos irmãos. Que nunca excluamos ninguém da nossa caridade. Queremos ouvir e acreditar nas vossas palavras,/ que nos garantem:/ "Tudo o que fizerem ao menor dos meus discípulos/ é a mim que vocês fazem".

Bendito sejais, Senhor,/ pelas mãos carismáticas de São Benedito,/ que destilaram amor pelos pobres. Ensinai-nos a seguir seus exemplos,/ como ele seguiu os vossos. Amém.

VIDA DE SÃO BENEDITO

7° DIA

Início: Como no 1° dia

LEITURAS:
Tema: "FAÇAM TUDO O QUE ELE DISSER"

1. Evangelho: Jo 2,1-11
2. Cap. 31 deste livro: "Os Amores de São Benedito"
3. Homilia: Eucaristia e Nossa Senhora
4. Intercessões

Dirigente: Irmãos, a Eucaristia e Nossa Senhora ocuparam o centro do coração de São Benedito. Ao redor da Eucaristia giram céus e terra; ao redor de Maria girou o próprio Filho de Deus. Que Deus nos ajude a não ficarmos fora da órbita de nenhum dos dois.
Todos: Cristo, Pão do céu, dai-nos a vida eterna!

1. Cristo, que nos mandastes celebrar a Ceia eucarística em vossa memória, santificai vossos fiéis pela devota celebração dos santos mistérios.

2. Cristo, pão do céu, que unis num só corpo todos os que participam do mesmo Pão, aumentai a paz e a concórdia em nossa paróquia.

3. Cristo, médico divino, que nos dais no pão eucarístico o remédio da imortalidade, devolvei a saúde aos doentes e a esperança aos desnorteados.

4. Cristo, que viestes ao mundo por Maria e fizestes dela a medianeira de todas as graças, fazei que todos a reconheçam como caminho que leva a vós.

47 • NOVENA DE SÃO BENEDITO

5. Fazei, ó Cristo, que amemos muito vossa Mãe e que procuremos levar todos os nossos irmãos a uma verdadeira devoção a ela.
– Outros pedidos...

Dirigente *(só ou com todos)*: Ó meu protetor, São Benedito,/ que tantas vezes alimentastes vossa vida/ com o Pão dos fortes,/ ajudai-nos a adorar a Cristo noite e dia/ no altar do nosso coração. Pedi a Ele em nosso favor,/ bem como à Virgem Maria,/ da qual fostes um dos filhos prediletos. Abençoai nossa pátria,/ cada filho deste Brasil,/para que sejamos fiéis à nossa fé,/ devotos da Mãe de Deus e nossa/ e atentos às exigências da caridade fraterna. E vós, ó Cristo, que sois a alegria de todos os santos,/ sede nosso consolo nesta vida/ e nossa alegria na eternidade. Amém.

8° DIA

Início: Como no 1° dia

LEITURAS:
Tema: "DEIXEM VIR A MIM AS CRIANCINHAS"

1. Evangelho: Mc 10,14
2. Cap. 33 deste livro: "Consolador das Mães"
3. Homilia
4. Intercessões:

Dirigente: Irmãos, ao Cristo que quer socorrer-nos em nossas necessidades espirituais e materiais, peçamos cheios de confiança:

Todos: Ó bom Jesus, ouvi-nos!

1. Vós que fizestes a luz da vossa misericórdia e compaixão brilhar na face de São Benedito e de todos os vossos santos, olhai para vossa Igreja, para que continue a refletir para o mundo a mesma bondade.

2. Vós, Senhor, que sempre vos deixastes comover pelos sofrimentos das mães, olhai compassivo aquelas que hoje vos recomendam seus problemas familiares.

3. Vós que recebestes todo o poder no céu e na terra, expulsai as doenças, abençoai as crianças e os jovens e dai paz às famílias.

4. Dai aos pais a alegria de verem sua casa prosperando e seus filhos crescendo em sabedoria, idade e graça.

5. Consolai as famílias enlutadas pela morte e fortificai-lhes a esperança de que, um dia, todos os seus membros estarão reunidos na Casa do Pai.

– Outros pedidos...

Dirigente *(só ou com todos)***:** Ó meu glorioso protetor, São Benedito,/ que agora, no céu,/ estais gozando o prêmio do vosso grande amor a Deus/ e da fidelidade constante à Santa Igreja,/ abençoai todas as famílias de nossa cidade/ e todos os vossos devotos. Livrai-me de tudo o que possa pôr a perder minha salvação eterna/ e fazei-me andar nos caminhos do Evangelho,/ da justiça, da verdade e do bem. Assim seja.

9° DIA

Início: Como no 1° dia

LEITURAS:
Tema: "FÉ ADULTA"

1. Evangelho: Mt 8,5-13
2. Cap. 45 deste livro: "Fé Adulta"
3. Homilia
4. Intercessões

Dirigente: Senhor, Pai de misericórdia, acolhei com bondade nossos pedidos, para que cresçamos ainda mais em nossa fé.
Todos: Senhor, atendei a nossa prece!
1. Pelos pregadores da Palavra divina, para que aproveitem as manifestações da devoção popular para uma sólida evangelização, rezemos:
2. Para que a nossa caridade seja sincera e transparente, superando as desigualdades sociais e tudo o que possa ser motivo de desunião e discriminação, rezemos:
3. Ó Cristo, que quereis ver vossa Igreja pobre e desapegada, fazei que ela se coloque, com todos os seus bens, a serviço dos pobres e dos órfãos, como ela fez desde o tempo dos Apóstolos.
4. Senhor, vossa Providência governa a terra e alimenta as criaturas; livrai-nos daquelas preocupações que nos fazem esquecer dos bens espirituais e eternos.

5. Aumentai, Senhor, cada vez mais, a nossa fé. Que ela seja pura, forte, alegre e diligente, manifestando-se em lindos frutos de caridade.
– Outros pedidos...

Dirigente *(só ou com todos)*: Ó Cristo, Filho de Deus bendito,/ resplendor da perfeição infinita do Pai,/ dai-nos uma fé adulta,/ alimentada diariamente no Evangelho,/ nos ensinamentos da Igreja/ e na oração. Vós que, iluminais a terra com a santidade de São Benedito,/fazei que nossa fé seja missionária,/ esforçando-nos para ser sal da terra e luz do mundo,/ colaboradores vossos na salvação dos nossos irmãos. Amém.

•48•
CANCIONEIRO POPULAR DE SÃO BENEDITO

I

Chegada bonito,
Chegada bonito,
olha a bandera
de São Benedito.

São Benedito
saiu passeá
chega na linha
pedindo lugá.

São Benedito
no seu terrero
passeio bonito
pelo mundo intero.

São Benedito
na zonda do má
nóis fais a vorta
nóis vamo passá.

Lá do céu caiu uma rosa
do rosário de Maria.
São Benedito pego no á
e desfoiô na cumpania.

VIDA DE SÃO BENEDITO

TEXTOS DE ALGUMAS TOADAS
DE MOÇAMBIQUE

II

– Ê ê irmão, vamo cum Deus
e a Virge Maria.
É o nosso Reis São Benedito,
Reis da nossa cumpania.

        Na hora de Deus amado
        adorá a Deus amém
        beija São Benedito
        e as image de Belém.

Chegada bonito
Chegada bonito
olha a bandera
de São Benedito.

        Meu São Benedito
        é o santo da nossa guia
        beijá o seu artá
        e alegrá a cumpania.

Meu São Benedito
mandô avisá
a linha direita
pra marrá paiá.

        São Benedito
        já foi marinhero
        deixô congada
        pros nosso conguero.

III

São Benedito foi em Roma
levô rosas e botão
tratá dos pobrezinho
lá da marge do Jordão,
fazeno seus milagre
com seu rosário na mão.

        Onde está São Benedito
        e as image de Belém
        onde está nossa bandera
        para dar os parabém

São Benedito foi em Roma,
    divino Senhor,
oi se eu pudesse também ia,
    divino Senhor,
Vigitá Nossa Senhora,
    divino Senhor,
Mãe de nossa cumpania,
    divino Senhor.

Aqui está São Benedito, zermão,
que veio lhe vigitá, zermão,
no dia da julgação, zermão,
que conta nóis vamo dá.
E quano nóis morrê, zermão,
será Deus que nóis dá, zermão,
vamos se pegá cum Deus, zermão,
pra no céu nóis se sarvá.

IV

São Benedito
e a Virge Maria
hoje é o dia
da nossa alegria

> Quano Deus andô no mundo,
>   ai, meu Deus,
> e deixô nossa bandera
>   ai, meu Deus,
> e deixô São Benedito
>   ai, meu Deus,
> como nosso padroero
>   ai, meu Deus.

Meu São Benedito
sua manga chera
chera cravo e canela
e flô de laranjeira

> Meu São Benedito
> tá chamano pra beijá
> na hora de vê a Deus
> pra beijá o seu artá

Onde está São Benedito
nesta hora de alegria
onde está São Benedito
meu zermão de cumpania

> Onde está nossa bandera,
> bandera de liberdade
> onde está São Benedito
> nesta hora da arvorada

V

São Benedito
é nosso padroero
é nosso mestre
é o dono da bandera

São Benedito
e Nossa Senhora
mostra o milagre
castiga na hora.

Encontro bonito
nóis fizemo neste dia
encontrá São Benedito
fio da Virge Maria

Meu São Benedito
nóis cheguemo pra beijá
guardá nossa bandera
pro zermão i descansá.

Meu São Benedito
já foi marinhero
e deixô congada
para nóis conguero
na linha do congo
só moçambiquero.

VI

O meu São Benedito
saiu passeá
e na zonda do má
nóis vamo passá.

> São Benedito vai na frente
> e a cumpania vem atrais
> sem São Benedito na frente
> meu zermão também não vai.

Meu São Benedito
saiu passeá
fazê a vigita
bejá o artá

> Meu São Benedito
> ele veio passeá
> formá a sua linha
> pra depois nóis i dançá

Essa dança já havia
  ai meu Deus,
desde o princípio do mundo,
  ai meu Deus,
dança de São Benedito
  ai meu Deus,
da maravia do mundo
  ai meu Deus.

São Benedito
cum Nossa Senhora
vai passeá
pelo mundo afora

VII

Meu São Benedito
vem cumpri cum seu devê
pedi sua licença
pra nóis dançá com prazê.

        Amanhã quem perguntá,
            meu Deus,
        quem foi que cantô aqui,
            meu Deus,
        foi a cumpania de São Benedito,
            meu Deus,
        padroero do Brasir,
            meu Deus.

"Senhora d'Aparecida
Virge Mãe e Padroera
Rainha sai na frente
Meirinho guarda o bastão"
"No meio-dia em ponto
foi qu'eu recebi um aviso
visitei Nossa Senhora
com seu lindo belo manto"
"Meu Rei São Benedito – cum Deus,
na sua casa chegô – cum Deus,
pra cumpri sua promessa – cum Deus,
na casa do seu sinhô – cum Deus".

Versos tirados do livro
"A Dança do Moçambique"
da prof. Maria de Lourdes Borges Ribeiro – 1ª ed.
Sociedade Anônima Editorial e Comercial
Al. Barão de Limeira, 331 – S. Paulo.

ÍNDICE

Ao leitor 5
1. Ai, meu São Benedito! 7
2. O santo preto 9
3. Árvore do fruto abençoado 11
4. Criança abençoada 13
5. São Filadelfo 15
6. Um nome bendito 17
7. O pastorzinho 19
8. Bendito o que semeia 23
9. Bendito quem ouve o chamado do Senhor 25
10. Vida religiosa e contemplativa 29
11. Religioso desinstalado 31
12. A cancerosa de Mancusa 33
13. Caminhando na fé e no amor 37
14. Santa Maria de Jesus 41
15. Bendito entre as panelas 43
16. A nova pesca milagrosa 45
17. Jantar para o Arcebispo de Palermo 49
18. O guardião de Santa Maria de Jesus 51
19. Abençoado aquele que serve 55
20. A multiplicação dos pães 57
21. Mestre de noviços? 59
22. Poço de humildade 61
23. Dons divinos 63

24. O santo das grandes procissões....................65
25. Santo não tem descanso 67
26. Bendito entre os pobres................................71
27. Prodígios 73
28. Palavras inefáveis que não podem
    ser repetidas 75
29. O santo que se fez nas virtudes 77
30. Os justos brilharão 81
31. Os amores de São Benedito 83
32. Vossos filhos e filhas profetizarão 87
33. Consolador das mães....................................89
34. Benditos os que esperam vigilantes.............93
35. Fim do caminho 97
36. Com um pé na eternidade 101
37. Bendita morte...103
38. O sepultamento 107
39. O caminho do altar.....................................109
40. Seu sepulcro será glorioso 113
41. Na glória da beatificação............................117
42. São Benedito, rogai por nós!......................119
43. A devoção a São Benedito em Portugal.....121
44. São Benedito descobre o Brasil 123
45. Fé adulta...127
46. Os 400 anos de São Benedito.....................129
47. Novena de São Benedito............................135
48. Cancioneiro popular de São Benedito........151